KEPADEWEIJIXIAOZI

STEVE JOBS

可怕的微机小子

乔布斯

■ 松鹰 著

山西出版传媒集团 ● 希望出版社

图书在版编目（CIP）数据

乔布斯/ 松鹰著. -- 太原：希望出版社,2013.6
（可怕的微机小子）
ISBN 978-7-5379-6362-6

Ⅰ.①乔… Ⅱ.①松… Ⅲ.①乔布斯,S.(1955~2011)-传记 Ⅳ.①K837.125.38

中国版本图书馆 CIP 数据核字(2013)第 064512 号

可怕的微机小子
乔布斯
松 鹰 著

责任编辑	谢琛香	**美术编辑**	谢 宇
复　　审	武志娟	**装帧设计**	柏学玲
终　　审	杨建云	**责任印制**	刘一新

出　　版:	山西出版传媒集团·希望出版社	**地　　址**:	山西省太原市建设南路 21 号
开　　本:	890×1240　1/32	**印　　刷**:	山西新华印业有限公司
印　　张:	9　180 千字	**版　　次**:	2013 年 6 月第 1 版
印　　数:	1-9000 册	**印　　次**:	2013 年 6 月第 1 次印刷
标准书号:	ISBN 978-7-5379-6362-6		
定　　价:	18.00 元		

编辑热线　0351-4922124
发行热线　0351-4123120　4156603

目录

KEPA DE WEIJI XIAOZI JOBS

有人说，在人类历史上，有三只苹果改变了世界的命运。第一只诱惑了夏娃，害得人类被逐出伊甸园；第二只砸中了牛顿，万有引力定律被发现了；第三只出自乔布斯之手，彻底颠覆了现代人类的生活方式。

这个比喻很精彩。

乔布斯，一个私生子，所幸被一对善良的夫妇养大。

21 岁时，他和沃兹一起在车库里创办了苹果公司。

25 岁，他成为美国最年轻的亿万富豪。

此后他创办新公司，屡战屡败，屡败屡战，经过 11 年的颠沛和奋斗，终于浴火重生。

《财富》杂志记者称乔布斯和比尔·盖茨是“两个可怕的微机小子”。作为软件巨头，比尔·盖茨的“可怕”，在于他的胃口极大，想鲸吞所有的竞争者。乔布斯的“可怕”，则在于他屡战屡败，屡败屡战，永远不会趴下。

他回归苹果，不仅拯救了濒临破产的公司，而且开创了一个新时代。

他把技术和艺术完美地融合在一起，创造出一个个革命性的产品：iMac 电脑、iPod 音乐魔盒、iPhone 手机、iPad 触屏平板电脑……

他让人们把互联网放进口袋里。

他颠覆了现代人类的生活方式。

有人评点乔布斯到底给我们带来了什么，他被比作这个时代的达·芬奇、谷登堡、爱迪生、毕加索……

他的强大人格魅力、远见卓识和超凡品味不可复制，世上也许永远不会再有第二个乔布斯。

本书讲的就是乔布斯跌宕起伏的传奇一生。

这是一个硅谷少年如何重塑自己以及改变世界的故事。

硅谷少年

GUIGUSHAONIAN

领养的孩子

GUIGUSHAONIAN

1955 年 2 月 24 日，乔布斯诞生在旧金山一所不起眼的诊所里。襁褓里的这个新生儿，一看就是个混血儿——浓密的黑发、棕色的皮肤，眼睛格外有神。小家伙睁开眼睛，望着这个陌生的世界，不知道自己的降生是福是祸。

同年 10 月 28 日，一个金发男婴在西雅图出生，这就是后来与乔布斯亦敌亦友、大名鼎鼎的比尔·盖茨。可以这么说，1955 年地球这颗星球上诞生了两个小天才，一个是乔布斯，一个是比尔·盖茨。他们日后的伟业，为世界增添了光彩。

不过，这两个婴儿来到这个世界的情景却大不相同。比尔·盖茨出生在一个富有的家庭，父亲是律师，母亲是银行家的女儿。比尔·盖茨一生下来就备受宠爱，父母给他取了个“小比尔”的爱称，对他呵护有加。

乔布斯的出生，却是在一个错误的时间意外出现的错误结果。没有人希望他来到这个世界。他的呱呱坠地，给与他有关的人带来的并不是快乐，而是无比的尴尬和万般的无奈。因为他的母亲是非婚生子，或者更明白地说他是个私生子。20 世纪 50 年代，美国的社会风气比较正统保守，非婚生子的事很不光彩，非婚生子的母亲不仅要承受巨大的压力，还要遭受舆论的谴责。

威斯康星州立大学一个23岁的女研究生，爱上了一个同岁的叙利亚籍政治系助教，两人情投意合，私订终身。男方出生于一个显赫的叙利亚家庭，家里很有钱，父亲是叙利亚的一个石油大亨，家里的人都很喜欢女方。可是女方的父亲是个德裔美国商人，笃信天主教，坚决反对女儿嫁给一个穆斯林。这对苦命恋人只能暗中相爱。有一天，女方意外发现自己怀孕了，但她却不能和男方结婚。当时她的父亲卧病在床，病得很重。父亲威胁说，如果她坚持要和这个"异教徒"助教结婚，就和她断绝父女关系。

怎么办呢？那时候堕胎是违法的，而且手术很危险，只能把这个来得不是时候的孩子生下来。为了避人耳目，女方悄悄离开威斯康星州麦迪逊市（州立大学所在地），飞到远在西岸的加利福尼亚州旧金山，找到一位好心的医生求助。这位医生专门为未婚妈妈提供庇护，帮她们接生，然后安排收养，而且领养的程序完全保密。

2月24日，女方平安产下一个男婴，他就是乔布斯。威斯康星州位于美国东北部，州立大学是所名校，作为这所学校的研究生，女方的素质很高。她对孩子的领养条件提出了要求：领养人必须是大学毕业生，而且要保证孩子将来能接受高等教育。所以医生最先安排的领养人是一对律师夫妇，家庭条件很好。不过这对夫妇想领养的是女孩，获知生下来的是个男婴后，他们就打退堂鼓了。

因此，乔布斯没有成为律师的儿子，结果却成了一个机械师的儿子。

这个机械师名叫保罗·乔布斯，是个高大魁梧的男人。他的妻子克拉拉是个会计，性情温柔，但没有生育能力，所以夫妇俩决定领养一个孩子。

养父保罗抱着乔布斯

乔布斯的生母是从医生那里得到保罗家电话号码的。当天夜里，她直接打电话过去：

“我们有一个婴儿，是个男孩，你们愿意领养吗?”

“太好了，当然愿意!”保罗夫妇回答。

她从他们的语气中听出一种惊喜。直觉告诉她，这是一个喜欢孩子的家庭，会对小孩好的。可是进一步问起保罗家的条件，她却犹豫了。这是一个很普通的家庭，保罗·乔布斯只有高中学历，克拉拉也没有大学文凭。这和她提出的领养条件相去甚远，但是这对夫妇充满热情，态度诚恳。犹豫了一阵，她还是答应把孩子交给他们。

保罗夫妇把新生儿抱回家，高兴得不得了。他们给婴儿取名史蒂夫·乔布斯。不过，乔布斯的生母迟迟不肯在领养文件上签字。

经过几个月的僵持，最后她放宽了领养条件：坚持要保罗夫妇在一份保证书上签字，承诺储存一笔钱，保证这个孩子将来上大学。保罗夫妇二话没说，就在保证书上签了字。这样，整个领养程序才算完成。乔布斯正式成了保罗·乔布斯的儿子。

保罗夫妇善良仁厚，他们待乔布斯如同亲生，非常疼爱。两年后，他们又收养了一个女孩，取名帕蒂，从此乔布斯有了一个妹妹。

在保罗和克拉拉的呵护下，乔布斯健康成长。大约在六七岁的时候，乔布斯知道了自己是被领养的，但他不知道自己的亲生父母是谁，不知道他们为什么不要自己了。保罗夫妇只告诉乔布斯说，这是不得已的事，不能怪他们。

有一次，乔布斯坐在屋前的草地上，和邻家的小女孩玩耍。那个小女孩梳着马尾辫，长着一脸雀斑。乔布斯无意间对小女孩说，自己是被领养的。

那个女孩瞪大了眼睛，天真地问他："是不是你的亲生父母不要你啦？"

乔布斯听见这句话，如同遭到雷击，受到莫大的震动。他满面泪花地跑回家里，哭喊着问父母："是不是我的亲生父母不要我啦？"

母亲克拉拉把他搂在怀里，一边为他擦着脸上的泪花一边安慰他。父亲保罗看着他的眼睛，温和地说:“孩子，不是那么回事，你要理解这件事情。”

母亲向他解释:“我们是专门挑选的你，真的!”

“你是个非常讨人喜欢的孩子。”父亲说。

他们的表情非常认真，眼里透着挚爱。乔布斯慢慢停止了抽泣，心情平复下来。父母没有透露他的身世之谜，可是在他幼小的心里，从此却埋下了一个解不开的结。

乔布斯有时会眼泪汪汪地望着天空发呆。

“爸爸妈妈，你们为什么不要我了?”

“我就那么让你们讨厌吗?”

待到长大些的时候，他很想知道自己的身世。

“我究竟从哪里来?”

“我的亲生父母究竟是谁?”

许多年后，乔布斯才知道自己生母和生父的名字，而且就在他被保罗夫妇领养的几个月后，他生母的父亲就病故了，结婚的禁令也自然解除。那一年圣诞节后不久，生母和生父在威斯康星州格林贝市的一座天主教堂里完了婚。但乔布斯始终不明白，既然如此，他的亲生父母那时为什么没有把他要回去?也许因为乔布斯已被人领养，而且签有私密协议，他们放弃了这个打算；或许是因为生母乔安妮不久又怀孕了，一个新生的孩子弥补了爱的缺失。

但不管怎么说，自己是被亲生父母遗弃了!

童年的心灵伤痕，对乔布斯日后独立性格的形成产生了很大的影响。

“被遗弃”这三个字渗透了他的灵魂。乔布斯后来的一位朋友曾说，乔布斯的强烈个性和一些失控的超常行为，“都要追溯到他一出生便被遗弃这件事上。真正的潜在问题是，在乔布斯的生活中，永远有‘被遗弃’这样一个主题”。

所幸的是，乔布斯遇到了保罗夫妇这样的好人。

保罗夫妇淳朴善良，是一对典型的美国模范家长。他们俩都是打工的蓝领，尽管生活并不富有，却全心全意地爱着乔布斯，想方设法为儿子提供好一些的条件。乔布斯读小学时，为了给他支付上游泳课的钱，母亲克拉拉不惜去给别人照看孩子。保罗·乔布斯也胜任一个好爸爸的角色，从小熏陶乔布斯如何才能把工作做到完美，对乔布斯后来成才产生了重要影响。

旧金山

GUIGUSHAONIAN

也许是缘分，保罗·乔布斯出生在威斯康星州一个养奶牛的农家。父亲是个勤劳吃苦的农民，但喜欢酗酒，脾气暴躁，酒醉后经常用拳头教训他。

保罗没有读完中学就独自离家到西部闯荡，靠修理机械打工谋生。流浪的日子使他饱尝了生活的艰辛，也养成了独立自主的性格。19岁时他选择了从军，成为美国海岸警卫队队员。海岸警卫队是一个特殊兵种，平时负责沿海水域、航道执法、水上安全、海上搜救、污染控制等任务，战时是海军的一个高度专业化的组成部分。美国海岸警卫队的口号是“时刻准备着”，表示它已作好准备应对任何紧急情况和履行自己的众多职责。有意思的是，美国人都喜欢把海岸警卫队称为“无赖海军”，连保罗自己也这样称呼。这也许是一种昵称。在海岸警卫队的几年不同寻常的经历，把保罗锻炼成了一个成熟勇敢的士兵。他参加了第二次世界大战，在美国海军梅格斯号运输舰上服役，岗位是锅炉工和轮机兵。让保罗骄傲的是，梅格斯号运输舰曾多次为巴顿将军往意大利运送士兵，立下不少战功。

1946 年 3 月，保罗在旧金山港口退伍。他身高 1.83 米，留着寸头，长得高大俊朗，浑身充满了活力。

保罗放下行李，在码头上眺望着美丽的金门大桥，和退伍的战友打赌说，他要在两周内给自己找个新娘。同伴们都说他在吹牛。意想不到的是，不到几天保罗就遇到了自己心仪的姑娘。她的名字叫克拉拉，出生在一个亚美尼亚移民家庭，长得甜美可人。保罗富有军人气质，生性乐观风趣，他对克拉拉一见钟情，克拉拉也爱上了他。就在十天之后，保罗和克拉拉订了婚。这闪电般的浪漫姻缘，让保罗的同伴们羡慕不已。大伙儿都为幸运的保罗祝福，愿他和心爱的姑娘白头偕老。

事实证明，这是一桩美满的婚姻，保罗和克拉拉厮守了

40 多年，直到生命的最后一刻。

结婚之后，保罗带着新娘回到威斯康星州老家，和父母一起住了一段时间。父亲见离家多年的儿子突然归来，而且带回来一个漂亮的媳妇，高兴得老泪纵横，母亲也乐得合不拢嘴。两位老人都希望儿子在老家扎根落户，但保罗在外闯荡惯了，过了几年他就带着克拉拉去了印第安纳州。保罗在一家国际收割机公司当机械师，负责维修机器。他对机械有一种天赋，心灵手巧，能动手制作很多小玩意儿，并且谙熟汽车的原理和性能。他很喜欢修理汽车，手艺又高，在业余时间里，常常搞一些二手汽车交易，赚些外快。

1952 年，保罗和克拉拉又回到旧金山。这座“阳光城”对他们的吸引力太大了。他们在金门公园南端买了一套便宜的公寓，可以远眺蓝色的太平洋。保罗在一家名叫 CIT 的信贷公司找到一份回收人的工作。所谓“回收人”，就是负责向贷款的车主讨债，必要时就撬开赖账车主的车锁，将车拖回信贷公司另行处理。保罗身材高大，长得彪悍粗犷，对赖账人有一种天生的震慑力，加上他对汽车性能了如指掌，因此这项讨债的工作他干得得心应手。

旧金山位于美国加利福尼亚州西岸旧金山半岛北端，东临旧金山湾，西临太平洋，三面环水，是一座美丽的山城。旧金山又称“三藩市”“金门城市”“湾边之城”等。这里属于亚热带地中海气候，气温冬暖夏凉，阳光充足，是著名的旅游城市，被誉为“最受美国人欢迎的城市”。旧金山的华人和华侨很多，位于市区东北角的“中国城”是美国华人最大的集中地。旧金山还是重要的海军基地和著名的贸易港，是美国通往太平洋区域和远东的门户，也是美国西部最大的金融中心。

旧金山的标志性建筑——金门大桥是世界著名的大桥之一，被誉为近代桥梁工程的一大奇迹。金门大桥横跨在金门海峡上，全长 2737 米。1933 年 1 月动工，1937 年 5 月竣工，历时 4 年时间，花费 10 万多吨钢材，耗资达 3550 万美元。整个大桥造型宏伟，桥身呈朱红色，横卧于碧海白浪之上，非常壮观，是世界上最漂亮的悬索桥。大桥的主要设计者是工程师史特劳斯，人们把他的全身铜像安放在桥畔，用以纪念他的杰出贡献。金门大桥的北端连接北加利福尼亚，南端连接旧金山半岛。当船只驶进旧金山，从甲板上举目远望，首先映入眼帘的就是大桥的红色巨型钢塔。

壮丽的金门大桥

保罗夫妇重返旧金山后，闲暇时常在金门大桥桥畔漫步。夕阳照在海面上，闪着金光，四周弥漫着潮水的气息，海鸥在低空翻飞。保罗指着夕阳下的金门大桥，充满感情地说：

“当年我退伍时，就是望着这座大桥和同伴打赌的！”

“打的什么赌啊？”

“我打赌，要在两个星期内给自己找个新娘。”保罗得意地说，“呵呵，结果不到7天我就遇到了你。”

保罗不仅抱得美人归，还赢了10美元。那时候美金挺值钱，50美元就能买一辆二手车。

“看把你给美的！”克拉拉笑起来，若有所思地说，“要是咱们有个小孩就好啦……”

他们有稳定的收入，生活如意，唯一的缺憾就是没有孩子。克拉拉因为一次宫外孕而丧失了生育能力。

就在这个时候，乔布斯在旧金山呱呱坠地，保罗夫妇终于实现了领养孩子的夙愿。上帝给他们送来了一个调皮的神童，给人类送来了一个改变世界的天才。

1960年，乔布斯满5岁时，保罗·乔布斯一家从旧金山搬到湾区南部的山景城。当时谁也没有料到，这个地区的中心地带日后成了举世闻名的“硅谷”。

山景城是一个小城镇，位于旧金山湾区半岛南部，距旧金山市有一个小时的车程，人口只有几万。它的北边毗邻帕洛阿尔托市（斯坦福大学所在地），南边与洛斯阿尔托斯、森尼韦尔和圣何塞市接壤。这些城镇分布在近50千米的一条狭长地带上——这就是日后的硅谷。

山景城（Mountain View），其实并没有山，到处都是绿树和果园，有杏园，还有李子园。城里阳光充足、空气明净。小乔布斯觉得这里简直就是天堂。有一次他惊喜地发现，公园里有很多松鼠，它们一点也不怕人。这些小东西机灵得很，眼睛滴溜乱转，很可爱。乔布斯一边吆喝着，一边挥手追着松鼠到处跑，一不小心脑袋撞在了树干上，前额鼓起个大青包。这算是山景城给这个小男孩的一个小小的见面礼！

山景城得天独厚的地理位置和人文环境，对乔布斯的成长产生了很大的影响。这里紧邻硅谷的发源地，也是乔布斯人生起步的摇篮。

山景城北边的帕洛阿尔托市，有一所著名的斯坦福大学，这里是美国首家在校园内成立工业园区的大学。斯坦福大学的副校长特曼教授在研究园区办了两件非常有名的事，并因此催生了后来的美国微电子工业中心“硅谷”。第一件事是在他的鼓动和538美元的资助下，他的两位得意门生威廉·休利特和戴维·帕卡德在帕洛阿尔托市爱迪生大街的一间狭窄车库里，创办了惠普公司。惠普的英文缩写HP，分别取自两人姓氏的第一个字母（两人用掷硬币的方法，决定休利特的姓氏排在前面）。惠普公司白手起家，从事电子仪表的生产，后来发展成为大型的跨国电子企业。第二件事是在乔布斯诞生的这一年，特曼教授千里迢迢从西海岸飞到新泽西州的贝尔研究所，成功地游说了晶体管发明人肖克莱“下海”，回到家乡帕洛阿尔托成立了“肖克莱半导体公司”。这是当地第一家半导体公司，聚集了许多科技精英。第二年，肖克莱和他的两位同事巴丁、布拉坦因为发明晶体管而共同获得了 1956 年的诺贝尔物理学奖。晶体管的发明，是电子技术史上具有划时代意义的伟大事件，被称为“20 世纪最重要的发明”，并引发了一场电子革命。肖克莱在帕洛阿尔托“下海”办企业这件事，像磁铁一样吸引着美国和世界各地的人才来研究园区创业，后来导致了一系列轰轰烈烈的发明和大裂变，触发了半导体工业的连锁反应，并因此引发了美国加州硅谷的崛起。

到 20 世纪 70 年代，美国加利福尼亚州处于旧金山市和圣何塞市之间这块长 50 千米、宽 16 千米的狭长地带，已经集中了数以千计的微电子工业和其他高新技术企业。这些企业的产品几乎都是用硅制作的半导体器件，因此人们称这一地区为“硅谷”，并称肖克莱为“硅谷之父”（也有人把特曼教授称为“硅谷之父”。平心而论，两人都当之无愧）。硅谷成为世界微电子和计算机工业的发祥地。这里是美国青年心驰神往的圣地，也是世界各国留学生的竞技场和淘金场。

如果把肖克莱“下海”创办半导体公司算作硅谷起步的话，乔布斯恰好和硅谷同一年诞生。

捣蛋鬼

GUIGUSHAONIAN

乔布斯的童年颇富有戏剧性。

他是一个好动的孩子，精力过剩，对周围的一切都充满了好奇心。

据说，乔布斯从 3 岁时起就喜欢调皮捣蛋。他总是凌晨 4 点就醒了，睁大眼睛东张西望，再不然就喔喔喔地学公鸡打鸣，吵得大人睡不成觉。父母为了安抚他，特地买来一个木摇马，让他骑在上面享受摇晃的乐趣。刚开始，小家伙挺高兴的，摇呀摇地呵呵直笑。过了一阵子，大约觉得光摇不过瘾，他就一边晃着木马，一边从嘴里发出稀奇古怪的叫声，目的是引起大人的关注。

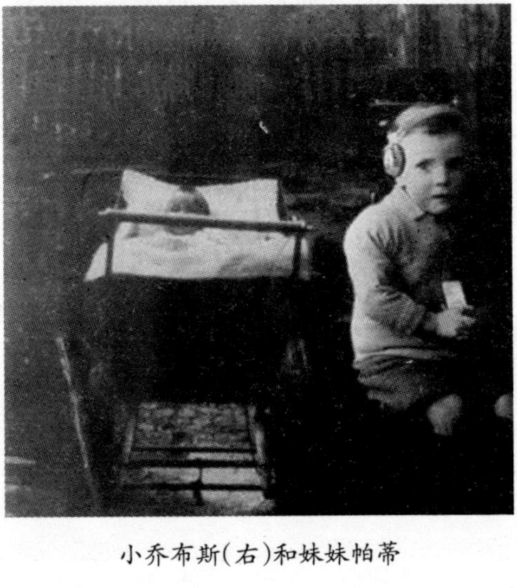

小乔布斯(右)和妹妹帕蒂

父母不堪骚扰，只好给他戴上耳机，让他在摇滚乐中自娱自乐。上面那张乔布斯童年的珍贵照片，就是他戴着耳机照的。他身后摇篮里的光头娃娃，就是妹妹帕蒂。说来也许是缘分，一戴上耳机小家伙就安静了，一双眼睛闪着亮光，仿佛完全陶醉在音乐世界里。多年之后，乔布斯开发出轰动音乐世界的音乐魔盒 iPod，说不定就是这时产生的灵感。

乔布斯 6 岁时，有一天，父亲保罗在车库的工作台上划出一角，对他说："这是给你的，你现在有自己的工作台了。"父亲还给他一把榔头、一把锯子，教他做木工活。在乔布斯的眼里，父亲是一个制作专家。"他什么都会做。我们需要木柜，他就会做一个；我们需要围栏，他就拿锤子给我，让我一起做。"

父亲还对乔布斯说："木柜和围栏的背面虽然别人看不见，但也要做好，这样才完美。"这些事令乔布斯终生难忘。乔布斯日后不懈地追求产品的完美，想必是源于父亲的教诲。后来，父亲还教会了乔布斯讨价还价的本领。保罗在经营二手车时低价买进，自己动手修好后再高价卖出，获利颇丰。买零件时他也善于把价杀到最低。这些本事让乔布斯终身受益。

乔布斯稍微长大一些时，有过两次惊人之举。第一次是他在好奇心的驱使下，想尝一尝杀虫剂的味道。杀虫剂是什么味道，的确谁也不知道。小乔布斯大概想解开这个谜，于是他大胆地拧开了储藏室里一瓶杀虫剂的盖子，仰着脖子把里面的黄色液体咕咕地喝了下去，结果肚疼得在地上直打滚。幸亏父母发现及时，把他抱到急救所洗胃抢救，才使他脱离了危险。

第二次历险，是他把一支金属发夹插进卧室的电源插孔，想试一试电的威力有多大。没想到试验的结果惊心动魄，只听见哧的一声，乔布斯的手顿时被电灼伤了，吓得他大哭起来。正在梳妆的母亲闻声赶过来，急忙抱起他到医院进行包扎。

“小祖宗哦，吓死我啦!”

看见母亲惊恐的表情，乔布斯再也不敢在家里造次了。但是到了学校，乔布斯的顽皮天性还是一点也不减，反而变本加厉。

乔布斯就读的学校，是山景城的蒙塔洛马小学，与他家只隔着四条街道。乔布斯的学习成绩不错，但他不服从老师管教，搞恶作剧是他的拿手本领。他和班里一个名叫克里的小胖子成了好朋友。那家伙是个鬼精灵，一脑袋的歪点子。乔布斯和他联手，在班里上演了几出精彩大戏。

一次，他俩制作了一张小海报，贴在教室后面的墙壁上，只见上面歪歪斜斜地写着:“孩子们，明天是带宠物上学日!”结果，第二天同学们把家里的猫呀狗呀都带到学校来了，整个教室成了宠物竞技场，狗追着猫满教室跑。老师开门进来，看见这种疯狂的情景，差一点气晕过去。

又有一次，他俩编了个理由，让别的同学说出自己自行车锁的密码，然后他俩跑出去，悄悄地把这些自行车锁的密码都改了。结果，到放学时没有人能打开自己的自行车锁，这些“倒霉蛋们”急得抓耳挠腮，满头大汗。乔布斯和克里却躲在一边呵呵地笑。

还有一次，两人的恶作剧升了级，带有危险色彩，变成了恐吓行为。这次恶作剧的目标，是他们的英语老师瑟曼夫人。瑟曼夫人戴副细框眼镜，身材高挑，像仙鹤一样优雅。但她对学生很严厉，从来不苟言笑，挖苦人尖酸刻薄，尤其是喜欢用粉笔头惩罚不听话的学生。谁在课堂上有小动作，她一旦发现，就会毫不留情地拿粉笔头打过去，并且百发百中。大概乔布斯和克里都吃过她的粉笔头，所以他们决定小小地报复一下。一天，他俩偷偷在瑟曼夫人的椅子下面放了两个冲天炮爆竹，然后趁她不注意时点燃了冲天炮，结果轰的一声巨响，椅子被震倒了。

“天哪！”瑟曼夫人被震倒在地，大惊失色，吓得面如死灰，浑身发抖。教室里的同学们则拍手称快。

乔布斯为这次恶作剧付出的代价，是被送回家里。校方警告保罗夫妇，如果他们的儿子再犯此类错误，就要被勒令退学。

“他差一点把教室炸塌！”班主任告状说。

“是吗？我儿子有这么大的本事吗？”保罗·乔布斯笑了笑，他明白班主任在夸大其词。

“他的本事大得很哩！”班主任强烈要求乔布斯父母对儿子严加管教。他列举了乔布斯在学校里的种种不是，诸如不按时完成作业，上课时心不在焉，不愿意背书，不服从老师的权威，等等。

乔布斯垂头丧气地站在一旁，满肚子的委屈。

知子莫若父。保罗知道乔布斯是个特殊的孩子，不能用一般标准去要求他，学校应该因材施教。

10 岁时的乔布斯

“听着，这不是他的错。”他回答班主任说，“如果学校提不起他的学习兴趣，那是你们老师的错。”

父亲的话让乔布斯感到温暖，他一辈子都记得父亲说话时的表情。

班主任顿时语塞了，赧颜地回到学校。校方最后的处理，是把乔布斯和克里分开在两个班里。这样，这对搭档搞恶作剧的机会就少了。

到小学四年级时，乔布斯遇到一位好老师，她的名字叫希尔。

希尔小姐早就听说过乔布斯的大名。“哦，乔布斯，他有点不合群。”“这孩子爱和老师唱反调！”“他上课从来不听讲。”

班上新来的这个学生，头发浓密，两眼炯炯有神，笑起来一副机灵相，又有点桀骜不驯。她仔细观察了乔布斯两个星期，发现他是一个很特殊的孩子，不仅活泼好动，智力超常，身上还有一种特别的东西。有一次，班上举行“夏威夷日”活动，要求全班同学统一服装。乔布斯到校时，没有按要求穿夏威夷T恤衫，可是在那天全班合影的照片上，他却身穿夏威夷T恤衫神气活现地坐在前排中央。原来，他成功地说服了一个同学把自己身上的夏威夷T恤衫脱下来给了他。

“这家伙简直有超人的说服力！”

希尔小姐决定把这个“捣蛋鬼”的过剩精力引到正途上来。

一天下课后，希尔小姐留下乔布斯，交给他一个练习簿，上面写满了数学题。希尔小姐笑眯眯地告诉他：“你把这些题带回家去做。”

乔布斯瞟了一眼练习簿，心想：这么多题，你是不是疯啦！

突然，希尔小姐拿出一个超级大的棒棒糖，在他面前晃了晃说：“你把这些题做完了，如果大部分都对，我就给你这个棒棒糖。”

乔布斯的眼睛一下就亮了。

看见乔布斯有点心动，希尔小姐又补上一句：“另外——再奖励你5美元。”

乔布斯半信半疑，瞪大了眼睛问：“真的呀？”

“老师说的，当然是真的。”

“那好。”乔布斯接过练习簿，精神抖擞地回家了。

两天之后，乔布斯就把全部数学题做完了。希尔小姐看了他做的题，大大地称赞了一番，自然也兑现了奖励。乔布斯接过棒棒糖和5美元，就像登上了奥运会的领奖台，兴奋得满脸通红。小家伙从来没有受过如此有诱惑力的激励。就这样，乔布斯的学习热情被激发了起来，他感受到了学习的乐趣，成绩突飞猛进。到后来，他努力学习并不是为了奖励，而是为了回报希尔小姐的鼓励。他对父母说:“她是一位了不起的老师，我学习只想让她高兴!”

四年级结束时，经过老师测验，乔布斯掌握的知识已达到六年级的水平，学校允许他连跳两级，直接升入七年级。父母觉得这个台阶跳得太高了，最后只让乔布斯跳了一级。

于是，11 岁的乔布斯进了克里滕登中学读六年级。这所学校与蒙塔洛马小学隔着八条街道，地处少数族裔地区，学生多数来自底层家庭。

电子发烧友

GUIGUSHAONIAN

跳级对乔布斯来说本来是件好事，可以挑战自我、激励他学习的上进心。但是，乔布斯很快发现，自己“跳”进了一所地狱般的中学。克里滕登中学所在地区帮派势力猖獗，校风很差。校内小无赖、小混混成群结伙，学生们经常把刀带进学校炫耀，打架事件几乎天天发生，当地的警察多次被叫到学校里维持秩序。乔布斯在蒙塔洛马小学的那些恶作剧，比起这帮坏小子的所作所为，简直成了“小巫见大巫”。

乔布斯是跳级生，在班里年龄最小，个子比别人矮半头，经常被欺负。这个孤独的男生经历了一年的痛苦煎熬，决定向父母摊牌。

一天，乔布斯对父亲说："这所学校糟透了，我要转学！"

父亲感到诧异，耐心解释说："这所学校离我们住的地方很近，如果转到别的学校，上下学会很不方便。"

乔布斯态度很坚决，他任性地说："我不管，反正我要转学，不然我就不上学了！"

保罗夫妇这才意识到问题的严重性，儿子提出的要求，必须认真考虑。

但要给乔布斯寻找一所条件好的中学，包括重新搬家，需要一大笔钱，这意味着会增加家里的经济负担。当时他们家勉强能够收支平衡，一家四口的生活主要靠保罗的工资收入。在乔布斯6岁时，保罗被CIT信贷公司派往帕洛阿尔托办事处工作。因为帕洛阿尔托的生活费用昂贵，他们才选择住在附近的山景城的。从山景城开车十几分钟就能到帕洛阿尔托，这样保罗上班不太远，又可以节省开支。

经过一番考虑，保罗夫妇决定满足儿子的意愿。他们调查了附近的地区，发现地处山景城西南5千米的洛斯阿尔托斯不错，附近有几所好学校。于是保罗夫妇倾其所有，花了2.1万美元在洛斯阿尔托斯买了一所房子，举家搬到这座小镇。事实表明，这次搬家对乔布斯的成长具有重要意义。

他们的新家位于洛斯阿尔托斯的克莱斯特路11161号，四周长满了杏树。新家是一栋普通平房，有三间卧室，还有一个带卷帘门的车库。保罗可以在车库里修理汽车，乔布斯则可以在里面摆弄一些电器玩意儿。8年之后，就是在这个车库里，乔布斯和他创业的搭档沃兹制造出了一鸣惊人的苹果电脑。

位于克莱斯特路11161号的新家

搬到洛斯阿尔托斯后，乔布斯进了一所新学校——库比蒂诺中学。

他在这所学校结识了一个朋友，名叫比尔·费尔南德斯，是一个律师的儿子，人很机灵。乔布斯曾向费尔南德斯说过自己是被领养的孩子，一直不知道亲生父母是谁。在乔布斯的潜意识中，就是想尽量表现自己，将来出人头地，证明自己是不该被遗弃的，所以他争强好胜，心比天高。

费尔南德斯很同情乔布斯的身世，也理解他那颗受伤害的心。

“你将来成了大人物，他们一定会后悔的！”他安慰乔布斯说。

乔布斯听了这句话，便把费尔南德斯当成了知心朋友。不过自己能不能成为大人物，他还没有把握。他俩的个头都不高，体型瘦小，属于班上的“弱势群体”，但他俩的个性却很鲜明，富有挑战性，让人不易接近。其他同学把他俩当作“局外人”，他俩却自得其乐，很开心。

和帕洛阿尔托、山景城一样，洛斯阿尔托斯地处硅谷的腹地，居住了大量的电子工程师。在这里，高新电子公司如雨后春笋般出现，各地的科技精英蜂拥而至。每天早晨人们谈论的话题都是电子的新发明，商店里的电子产品和元器件琳琅满目，令人眼花缭乱。甚至在垃圾场的破箱子里，也能随时淘到能用的电子零器件。身处这种环境的孩子们，在这样的氛围下自然会对电子技术产生浓厚的兴趣，少年乔布斯也不例外。无独有偶，费尔南德斯对电子器件也有兴趣。两人很快就成了电子发烧友。他们参加了学校的电子兴趣班，学到不少有趣的电子知识。

乔布斯有个邻居，是惠普公司的工程师，名叫拉里·朗。这位朗先生是个孩子王，喜欢逗孩子们玩。有一天，他在自家过道上装了一个扩音器，配上麦克风和扬声器，然后邀请街区的孩子们来玩。朗先生叫孩子们对着麦克风大声说话，声音被扩音器放大了，就像猛兽在吼叫，孩子们大吃一惊。乔布斯觉得太神奇了，跑回家告诉父亲。保罗起初半信半疑，说这位拉里·朗先生在耍魔术。待亲眼看见后，保罗也叹服了。

其实，扩音器的原理并不复杂，就是一个音频功率放大器，但它却激起了乔布斯极大的兴趣。乔布斯很快就成了电子迷，一连几个晚上都去拉里·朗家拜访，请教扩音器的原理。朗先生看见乔布斯盯着碳精麦克风，两眼发直，知道他很喜欢，便把这个漂亮的小东西慷慨地送给了乔布斯。他还送了一个袖珍电子工具盒给乔布斯，里面配有一套小型工具，还有插件板、电阻、电容等。乔布斯如获至宝。朗先生鼓励乔布斯自己动手，用一些廉价的处理零件组装音响设备和晶体管收音机等。经过几次实践，乔布斯感觉自己成了电子行当的能工巧匠。他说："袖珍工具盒让我相信，我能做出任何东西。"

朗先生还推荐乔布斯参加了惠普公司的探索者俱乐部。这个俱乐部的成员都是爱好电子的学生，比尔·费尔南德斯也是其中一员。每到周二晚上，这些少年电子迷们会在惠普公司的餐厅举行聚会，由惠普公司的工程师给大家举办讲座，内容包括电子科技知识、电子发明新动态，以及惠普正在进行的研究项目等，非常受欢迎。乔布斯每次参加聚会，都是父亲开车送他去的。乔布斯后来回忆说："我感觉那儿就是我的天堂！"

当时惠普公司的尖端产品是发光二极管，所以乔布斯对发光二极管也特别有兴趣。父亲保罗这时已辞去 CIT 信贷公司的工作，转到洛斯阿尔托斯的一家激光公司上班。有一天晚上，主讲人是惠普公司的一位激光工程师。讲座结束后，在父亲的鼓动下，乔布斯拦住了主讲人，央求参观惠普公司的全息摄影实验室。那个激光工程师听说保罗是激光公司的同行，就一口答应了。惠普公司当时正在开发小型计算机，这在业内也是超前的。乔布斯在实验室里第一次看到了台式计算机，型号是 HP9100A。这是惠普公司刚研制出来的新产品，实际上是一台高级计算器。激光工程师解释说，这款计算器利用磁卡存储程序，科学家不必使用大型计算机即可进行复杂的计算，比当时大部分计算机的速度快 10 倍。这让乔布斯大开了眼界。

不过，由于当时还没有大规模集成电路，HP9100A 的设计相当复杂，据说印刷电路板就有 14 层之多。乔布斯描述当时的印象说："它的体形巨大，但它真的很美，我一眼就爱上了它！"

探索者俱乐部还鼓励大家做一些项目。乔布斯决定做一台频率计数器，可以用来测量电子信号的频率。计数器的原理并不复杂，乔布斯捣鼓了一阵子，但是还缺少几个关键的电子元件，而且市面上也找不到。

乔布斯心想，惠普公司一定有。他灵机一动，翻出了电话黄页，在上面搜寻住在帕洛阿尔托的威廉·休特利的电话。威廉·休特利是惠普公司大名鼎鼎的 CEO，也是公司的创始人，乔布斯居然从电话黄页上查到了他家的电话号码。乔布斯大胆地拨通了电话：

“您好，请问威廉·休特利先生在家吗？”

“我就是，请问您是哪位？”话筒里传来一个厚重的男中音。

“我叫史蒂夫·乔布斯。”乔布斯自报家门，因为激动他的嗓音有点发颤，“是惠普……探索者俱乐部的。”

“哦，是探索者俱乐部的小朋友。找我有什么事？” 休特利听出是一个孩子的声音。

“我想向先生要几个电子元件，”乔布斯直奔主题，“我认为惠普公司一定会有的。”

“哈哈，当然，惠普什么都有。” 休特利笑起来，觉得有趣，“说说看，你想要什么？”

乔布斯一口气说了好几样元件，包括核心的数码管。

休特利回答说：“都能解决，没有问题。”

乔布斯欣喜若狂，又滔滔不绝地描述了一番他的频率计数器的设想。

这个 13 岁的小毛孩，不知天高地厚地和休特利谈起自己的电子梦来。惠普公司创业近 30 年，55 岁的休特利此时已是硅谷举足轻重的电子巨头，但他却很有涵养地和乔布斯聊了 20 多分钟。

乔布斯不但如愿以偿地得到了他想要的电子元件，休特利还特别准许乔布斯暑假到惠普公司打工，地点就在惠普制造频率计数器的工厂。1968 年的整个暑假，乔布斯都是在惠

14 岁时的乔布斯(中)

普公司的装配线上度过的。他的工作很简单，只是负责拧拧螺丝钉，或者给装配工打下手。不过，这已经让乔布斯十分开心了。

暑假结束后，乔布斯和费尔南德斯一起升入了库比蒂诺的家园高中。

两年后的秋天，因为费尔南德斯的关系，乔布斯结识了读大学的史蒂夫·沃兹尼克（大家都叫他“沃兹”）。也许是一种机缘，乔布斯的名字也叫史蒂夫（“乔布斯”是他的姓）。和沃兹相识，改变了乔布斯的一生。

人生起步

RENSHENGQIBU

两个史蒂夫

RENSHENGQIBU

有一天，费尔南德斯兴冲冲地对乔布斯说："有一个小伙子想见你，他可是个电脑天才噢，我们刚造出一台'奶油苏打水电脑'！"

乔布斯一听说对方是个电脑天才，就来劲了。

"他叫什么名字？"

"和你一样，也叫史蒂夫，我们都叫他沃兹。"

"你说的那个'奶油苏打水电脑'，又是啥鬼名堂啊？"

"到时候你来看就知道了。"

"好吧。"乔布斯点头答应。

他不仅对费尔南德斯说的"奶油苏打水电脑"好奇，也想见一见那个同名的电脑天才，看看他究竟是个什么样的神秘角色。

沃兹1950年8月11日生于圣何塞市。这座城市位于硅谷地带的最南端，比山景城大。沃兹读中学的时候，全家搬到位于圣何塞市和山景城之间的森尼韦尔市。家园中学的所在地库比蒂诺，就在森尼韦尔的南边不远处。这里说的是地域上的关联：沃兹、乔布斯和费尔南德斯，都是在硅谷长大的孩子。

沃兹的父亲弗朗西斯·沃兹尼克是波兰裔美籍工程师，

任职于洛克希德公司的导弹部门，担任高度机密的军事项目设计，是一位优秀的军事工程专家，技术高超，工作敬业，为人坦诚低调，曾为洛克希德公司解决过多项技术问题。父亲教会了沃兹两样最重要的东西，一是忠诚、守信的品质，二是对工程技术的热爱。沃兹回忆父亲的教诲时说："他教我要诚实，绝不能撒谎，说撒谎无异于犯罪。""我记得他告诉我，工程学是世界上最重要的，它能把社会带入一个新时代。"

沃兹从小受父亲的影响，喜欢工程学，尤其痴迷电子技术。沃兹的天赋极高，据说他 3 岁就能阅读，7 岁就懂得电流、电压、电阻的原理，9 岁时被小学老师称为数学天才，算得上是个神童。10 岁时，沃兹自己动手制作了一台收音机，能接收当地所有的电台节目。13 岁时，他就考取了美国业余无线电执照，开始自行组装无线电收发器。15 岁时，他按照二进制原理，设计制作了一台加法减法器。他把 100 只晶体管、200 只二极管和 200 只电阻装在 10 块电路板上，组装成一台简单实用的计算机，在旧金山的科技沙龙上一举获得多个奖项。

沃兹读六年级时做过一次智商测试，结果非常惊人。智商是一个人的观察力、想象力、思维能力、记忆力和分析判断等能力的综合，正常范围是 70~130，平均值为 100，115~130 属于上等，130 以上就是超常了。沃兹的智商测出来，竟然是 200！测试老师拍着他的脑袋，惊讶地说："这孩子是个宝啊！"

1968 年秋乔布斯和费尔南德斯进入家园高中时，沃兹刚好从家园高中毕业，进入科罗拉多大学读大一。说起来，他们算是家园高中的校友。

科罗拉多大学是美国中北部著名的公立大学，在科罗拉多州的首府丹佛市，距旧金山有 1400 余千米。沃兹上大学后，把大部分时间都花在恶作剧和电脑上，功课倒没有学多少。据说他在学校计算机中心的电脑上同时执行七个循环程序，导致打印机不停地打印数列报表，消耗掉班上 5 倍的年度电脑预算，学校警告他要承担费用。为了不让父母知道这件事，沃兹顺应父亲原来的心愿，大二时转学回到迪安扎社区学院就读。迪安扎社区学院离森尼韦尔市比较近，收费也便宜得多。沃兹父母有三个子女，家里的负担不轻。

沃兹在迪安扎社区学院只读了一年，大二暑假时就到泰伦特电脑公司打工，做程序设计师。沃兹打算休学一年，赚到足够的钱后再去另一所大学读大三，他的目标是加州大学伯克利分校。

泰伦特电脑公司是一家小公司，沃兹的工作是负责编程序。他干得得心应手，还增长了不少电脑知识。那时的电脑和现在我们用的电脑尚有天壤之别，既没有显示屏，也没有用来输入信息的键盘。电脑的面板上，只有几排闪烁的小灯作显示，指令输入靠穿孔卡。这是一种特制的薄纸片，用孔洞位置或其组合表示信息。沃兹在笔记簿里设计了许多种型号的电脑，过足了“纸上谈兵”的瘾，但一直没有机会“真刀真枪地干”。组装电脑毕竟不同于组装收音机，需要的元器件高级得多，也昂贵得多。

1970年夏天，公司主管帮沃兹免费搞到20枚电路芯片，他如获至宝，终于能使纸上画的电脑变成真的了。

费尔南德斯的家也在森尼韦尔市，恰好和沃兹是邻居。暑假里他整天跟在沃兹屁股后面转，两人在费尔南德斯家的车库里将那些芯片拼凑组装成一台电脑。沃兹是主设计师，费尔南德斯充当跑腿和助手。他们废寝忘食，连续干了几天几夜，终于把电脑组装成功了。这台电脑的特别之处，是沃兹的设计与众不同。当时几乎所有的电脑都使用磁芯内存，而沃兹率先使用了随机存取内存芯片，不仅安装简便，性能可靠，而且用的元器件非常少。

在车库里埋头忙碌的这些天，他俩喝了很多瓶克雷格曼牌奶油苏打水。为了纪念这段经历，两人把新电脑命名为"奶油苏打水电脑"。

沃兹为了炫耀自己的设计，特地通过妈妈的关系请了一家报纸的记者来采访。那个记者带着一个摄影师，准备配几张照片，作一个"天才少年创造发明"的专题报道。记者和摄影师端详着散装在地毯上的电脑，只见一些部件之间横七竖八地连着导线，像是八阵图。

"能演示一下吗？"记者问。

"行！"沃兹回答道，随即插上电源。忽然，一缕青烟从电源冒了出来。"不好！"沃兹连忙拔掉电源插头。他扭头发现是摄影师的脚踩着了导线，造成了短路，所幸主机完好无损。记者的报道，自然没有写这个小插曲。

第二天，消息见报，标题为《两个学生勇闯高新科技前沿，一举拿下“奶油苏打水电脑”》。费尔南德斯感到脸上有光，他想给乔布斯一个惊喜，于是向沃兹推荐自己的好朋友:“有一个家园高中的学生你必须见一见。他也叫史蒂夫，和你一样喜欢捣鼓电子器件，也爱搞恶作剧。”

“是吗？那见见吧。”

于是，第二天费尔南德斯约乔布斯和沃兹一起来家里，这是两个史蒂夫第一次见面。会见的场面极其平常自然，但却具有历史意义。

那一天，乔布斯先到，费尔南德斯带他到车库参观，并作了即兴讲解。乔布斯看了地毯上的“八阵图”，大开眼界。原来“奶油苏打水电脑”就是这款新机器啊！乔布斯打心眼里佩服。

不一会儿，沃兹来了。乔布斯定睛看去，沃兹个子不高，体型矮胖，有点不修边幅。这位大二学生留着长发，戴副圆框眼镜，态度很友好，看见乔布斯时表情甚至有点腼腆。这表明他不善于和人打交道。

乔布斯先打招呼:“您好，我是史蒂夫·乔布斯!”

“嘿嘿，我是史蒂夫·沃兹尼克。”沃兹伸出胖手。乔布斯握住，觉得很有力。

两人随即坐在门前的人行道上神聊起来。乔布斯 15 岁，沃兹 20 岁，但乔布斯机灵老练，看上去显得成熟，有点少年老成；沃兹一副大智若愚的风范，样子憨厚，显得挺单纯。这不由拉近了两人的年龄差距。

交谈起来，乔布斯发现沃兹很容易相处，而且有幽默感，只是他不善于表达，有点笨嘴笨舌。乔布斯对这位电脑天才的第一印象不错。沃兹则发现，这个瘦巴巴的男孩精力充沛，有过人的才智，说话头头是道，口才极好，对电脑的热情和自己不相上下。他也很喜欢乔布斯。

两人各自谈起在电子江湖闯荡的经历，越谈越投机。

对沃兹涉足电子领域的深度和广度，乔布斯感到惊叹不已。他后来对人说："这是我见过的第一个比我还懂电子学的人。"实际上，乔布斯这话对自己的评估有点夸张。作为一个15岁的中学生，他当时掌握的电子学水平和沃兹根本不在一个档次上，沃兹已经是业余电子专家了，乔布斯的水平只是入门而已。不过，乔布斯有一种潜在的进取意识，一种引领潮流的领袖感，或者说是天生的商业精神。这是沃兹所没有的。

接着，他们又互相交流在学校搞恶作剧的经验体会，大有相见恨晚之感。

乔布斯讲起自己在蒙塔洛马小学的所作所为，博得沃兹一番赞赏。然后沃兹告诉乔布斯，他在家园高中也有惊人表现。

有一次，沃兹用废旧电池制作了一个圆筒形状的爆炸装置，上面连着花花绿绿的导线，还有一个嘀嗒嘀嗒作响的定时装置，然后，他把这个爆炸装置放进了同学的衣帽柜。没过多久，有个同学听见响动，打开衣帽柜，发现是颗“定时炸弹”，吓得魂不附体。整个学校顿时处于惊慌失措中，一片混乱。校长赶到现场，冒险从衣帽柜里捧出沃兹的“杰作”，疾步小跑，小心翼翼地摆在操场中央，然后打电话向警方求援。警察迅速赶来，如临大敌。排爆专家经过检测，发现圆筒里根本没有装火药，原来只是一枚假定时炸弹！

“校长查出来谁是罪魁祸首了吗？”乔布斯问。

“没有，是我自己坦白的。”沃兹说。

“你挺勇敢啊！”

“嘿嘿，好汉做事好汉当嘛！”

为了这事，沃兹被校长关了一天禁闭。

沃兹进入科罗拉多大学后，发现老师在课堂上都用闭路电视教学。有一天他心血来潮，自制了一个能够干扰闭路电视的遥控器，藏在课桌里。老师正讲到关键地方时，沃兹悄悄按一下遥控器，闭路电视屏幕上的图像就变模糊了。老师以为是电视信号出了问题，刚要跑去调试电视机，但是等他一抬腿或者高举胳膊时，沃兹再按一下遥控器，电视图像立马又变清晰了。老师觉得纳闷，耸耸肩，做了个滑稽的手势。但是他还没有回过神来，电视图像又模糊了。老师再抬腿或者举胳膊，图像又变清晰了。同学们不禁哄堂大笑，搞得老师哭笑不得。据说有一次，一个戴眼镜的教授被沃兹的遥控器捉弄得竟然在讲台上抬着腿，坚持把课讲完。

“真有这么傻的教授呀？”乔布斯问。

“是的。其实，我挺佩服他的奉献精神的。”沃兹说。

比起乔布斯的恶作剧来，沃兹的这些小把戏更有技术含量，也更富有幽默感。沃兹的人生理想，是像他父亲一样做一个工程师。他不像乔布斯那样雄心勃勃，梦想做一个高端人物、一个商界领袖、一个改变世界的人。在和乔布斯后来的合作中，注定了沃兹永远是第二把小提琴手。沃兹给自己的定位是：电脑技术无所不能的高手，永远第一的能工巧匠；而历史给沃兹的定位是：乔布斯的黄金搭档，苹果的幕后英雄。这些都是后话。

乔布斯高中兴趣班的照片

从这一天起，两人成了亲密朋友和合作伙伴。他俩还有一个共同点，都喜欢鲍勃·迪伦的音乐，鲍勃·迪伦成了联系他们友谊的纽带。这位鲍勃·迪伦是美国著名的民谣歌手、音乐家和诗人，具有叛逆精神，是当时美国青少年心目中的偶像。鲍勃·迪伦的音乐和歌词寓意深刻，家喻户晓，2008 年他曾获得诺贝尔文学奖提名。乔布斯后来说："我从小就把鲍勃·迪伦视为我学习的偶像。我年龄越大，越能体会到他所有歌词里所蕴含的哲理，并且发现他从来不会在原地踏步。"

两个史蒂夫的相识和联手，导致了六年之后苹果王国的诞生。

"蓝匣子"之谜

RENSHENGQIBU

沃兹休学一年，在泰伦特电脑公司挣够了学费。1971 年秋季，他如愿以偿地进入加州大学伯克利分校读大三，学的是工程专业。加州大学伯克利分校是一所顶尖的公立研究型大学，在美国工程科技界声誉很高，校址就在伯克利市，离旧金山很近。

入学前一天，沃兹无意中看见厨房桌子上放着一本妈妈阅读的《时尚先生》杂志，他随手拿起来翻阅，被一篇名为《蓝匣子之谜》的文章吸引住了。

这篇报道说，有一群盗打电话的黑客，他们只要用电话亭里的电话拨出一串免费号码，然后用口哨或哨子模拟某种特定的电话拨音号，就可以控制电话交换系统。用这种奇特的方法，分布在美国各地的黑客可以在任何时间随心所欲地往全世界免费拨打电话。

文章里还提到一个颇有戏剧性的情节：有个名叫“咔嚓船长”的黑客，意外发现早餐麦片附赠的哨子发出的哨声，与电话网络中的呼叫音频是一样的，都是2600赫兹。只要拿起电话亭里的电话，用这个哨子对着话筒吹响，就可以骗过电话系统，接通长途电话而不需要付一分钱。他的这个发现，让美国各地的黑客趋之若鹜，纷纷成了盗打电话的高手。附赠哨子的那种早餐麦片名叫“咔嚓船长麦片”，这家伙因此得了一个响当当的绰号“咔嚓船长”。不过，麦片口哨只能发出单音频，因此它只能攻破单频率电话系统。后来,“咔嚓船长”自制了一个“蓝匣子”的装置，可以发出多个特定的音频，对多频率电话网络也能奏效。这个装置是个神秘的小方盒子，上面有多个按键，只要按下一个键，就能输出一串特定的音频，就像《天方夜谭》里的“芝麻开门”一样，可以打开电话系统的免费大门。

这篇报道还透露了“蓝匣子”的制作内幕，说“咔嚓船长”可能阅读了一些标准电话公司的手册，从中查到了他所需要的频率参数。据说电话公司发现这个漏洞后，很快采取了措施，从各地图书馆回收了这类手册。

文章作者俏皮地写道:“他们要保守秘密，不再公开。但是你知道嘛，秘密还是泄露了，电话公司的大亨们悔之晚矣!”

这简直太神了!

读完这篇文章，沃兹兴奋不已，他做的第一件事就是打电话给乔布斯，告诉他这个奇闻。乔布斯听后大为震惊。

“那个‘蓝匣子’，真有这么神通广大吗？”

他还以为沃兹读的是一篇科幻故事呢。

“这不是科幻，也不是小说。”沃兹回答说，“从技术上讲，这是完全可能的。”

“这太酷啦！”

乔布斯想到的，也许不是技术，而是某种商机。

“是呀！你想想看，这意味着什么？——整个电话网络其实不堪一击。”

“沃兹，我有个好点子！”电话里传来乔布斯的喊声。

“什么好点子呀？”沃兹仿佛意识到了什么。

“我们自己来装‘蓝匣子’！”

“好极了。那你马上到我家来一趟。”

两人一拍即合。

当天下午，乔布斯从8千米远的洛斯阿尔托斯赶到沃兹家里。两个“臭味相投”的朋友经过一阵密谋，决定干一件惊天大事。

一个小时后，沃兹和乔布斯就坐进汽车，由沃兹驾驶赶往北面的帕洛阿尔托市。那里的斯坦福大学直线加速器中心的图书馆，藏有大量科技图书和资料，沃兹和乔布斯在星期天经常光顾那里。不过他们没有借书证，不能名正言顺地查阅。

两人悄悄潜入图书馆，分头查找有关资料，主要目标就是《蓝匣子之谜》披露的那份电话公司手册。

乔布斯一边念叨着“祝我好运”，一边快速翻阅各类工具书，直翻得他腰酸背痛，两手发软，也没有找到那份什么电话公司手册。乔布斯心想：莫非这里的电话手册也被公司回收了？

正当乔布斯感到失望时，忽然从一个角落传来沃兹兴奋的叫声。

“我找到它啦！找到它啦！”

乔布斯循声赶过去，只见沃兹手里捧着一本砖头厚的蓝皮书，脸上狂喜的表情不亚于当年阿基米得发现了浮力定律，从浴盆里跳出来时的模样。

蓝皮书的封面烫着醒目的金字，沃兹翻到书后附录的参考文献指给乔布斯看，有一篇名为《CCITT（国际电报电话咨询委员会）手册》，其中的一页上赫然印着“多频电话转换设备完整频率表”。

这正是《时尚先生》杂志那篇文章披露的资料！真是踏破铁鞋无觅处，得来全不费工夫。两人抄下那张价值连城的频率表，兴奋得手舞足蹈，一边奔跑一边欢呼：“天哪，这是真的！”“噢，太棒啦！”

在回家的路上，他们已商量好下一步的行动计划。

当天晚上，沃兹就去森尼韦尔市电子城买了一些电子器件，包括简易的音频振荡器。乔布斯告诉沃兹，他制作过一台频率计数器，可以测量信号的音频。那台仪器的零件，还是惠普公司的总裁休特利先生免费提供的呢。

“你认识休特利先生？”沃兹感到惊讶。休特利的名字，在当时可是如雷贯耳。

“只通过电话，没有见过面。”乔布斯说起自己13岁时的事。

“那台频率计数器现在在哪儿？”

“就在我家里。”

“很好。”

于是，两人赶到乔布斯家里，连夜焊接装配。沃兹把两个音频振荡器连接在一起，再用乔布斯的频率计数器校正音频的频率，然后将两个音频录入磁带，每一组音频对应代表一个数字的音调，最后他们调到一个高音，把频率校准为2600赫兹。他们的仿造本领，好像已接近“咔嚓船长”的水平。

两个天才决定马上验证效果。他们拨了免费长途电话号码，听见嘟嘟的提示音后，立马打开录音机，播放他们设计好的音调。两人屏声静气，心潮澎湃，等着电话系统被控制住，然后就可以拨通全球的长途电话。

可是，录音机里的音调叫了一阵后，电话却接不通。两人面面相觑，又试了几次，结果都一样。沃兹发现，音频振荡器的频率有些飘移，频率难以校准，这也许就是失败的原因。

两人虽然有些沮丧，但并没有灰心。

第二天，沃兹就到加州大学伯克利分校报到了。入学后，他继续思考研究“蓝匣子”的设计，反复琢磨《时尚先生》文章里披露的秘密，同时查阅了大量其他关于电话黑客的资料。经过几个月的努力，沃兹使用晶体振荡器确保了频率的准确度，最后制作出一台新的成品。

一个星期天，在乔布斯的家里，沃兹和乔布斯试验了这个“蓝匣子”，终于大功告成。他们轻易地侵入电话线路系统，可以免费把电话拨向世界各地。那一刻，两人沉浸在成功的狂喜中。他们的第一个“蓝匣子”电话，打到加州南部的橙县，接电话的是一个陌生男人。乔布斯以为对方在加州以外的地方，对着话筒一个劲地叫嚷:“我们从加州打来！从加州，用一个‘蓝匣子’。”

沃兹的“蓝匣子”(现藏于电脑历史博物馆)

那个陌生男人一头雾水，结结巴巴地问:“你们是谁啊？什么‘蓝匣子’?”

“我们是加州的乔布斯和沃兹，两个伟大的电话黑客!”乔布斯继续叫嚷着，对方啪地把电话挂上了。

这一刻，沃兹的想法很本分。他制造这个“蓝匣子”，只想证明自己的水平能向“咔嚓船长”挑战，并能像《时尚先生》杂志警告的那样，发掘出电话系统中的漏洞，他的本意并不想从电话公司盗窃。

但是，乔布斯想的却不一样，他从“蓝匣子”上嗅到了赚钱的商机。他用从父亲保罗那里学到的说服人的本事，劝说沃兹用“蓝匣子”卖钱。沃兹起初很犹豫，说这会给电话公司造成经济损失。

“谁叫电话公司自己有漏洞呢，受点损失是他们活该!”

虽然销售“蓝匣子”是违法行为，但是乔布斯却有自己的理由。

在乔布斯的极力鼓动下，沃兹最终同意批量制造“蓝匣子”，由乔布斯负责推销。这是乔布斯商业才华的第一次展示，当时他只有16岁。

于是，在课余时间沃兹就在宿舍里成批组装“蓝匣子”，乔布斯则开着他的红色菲亚特在伯克利分校和斯坦福大学进行推销。一个“蓝匣子”的元件成本大约40美元，乔布斯将成品价定为150美元，卖给有兴趣的大学生们。他承诺如果遇到任何问题，可以免费维修。“蓝匣子”的销路很好，他们做了大约100个“蓝匣子”，几乎全都卖出去了。乔布斯和沃兹因此赚了一笔钱。

沃兹的顽皮天性不改，经常利用“蓝匣子”捉弄接线员。据说有一次，他压低嗓音，冒充美国国务卿基辛格博士代表尼克松总统打电话给罗马教皇，说是预先有约。接线员不敢怠慢，真的把电话接到罗马教廷，结果梵蒂冈当地的时间是早晨5点半，教皇正在睡觉。所谓与尼克松有约之事，完全是子虚乌有，沃兹的把戏随即便被拆穿。

不久，一次意外的机缘，乔布斯和沃兹打听到“咔嚓船长”的真名叫约翰·德拉浦，是IT历史上最有名的老牌超级黑客，他就在库比蒂诺市KKUP电台工作。《时尚先生》杂志的那篇文章，就出自他的手笔。

真是远在天边，近在眼前。乔布斯就读的家园高中就在库比蒂诺。乔布斯和沃兹得知这个消息非常兴奋，当时两人正在乔布斯的家里。乔布斯立即给KKUP电台打电话，说对约翰·德拉浦先生慕名已久，想向他请教。但接电话的人回答说，自从《时尚先生》发表了那篇文章后，约翰·德拉浦就辞职了，大概是怕树大招风吧！不过，接电话的人给了乔布斯一个电话号码。

乔布斯抱着试一试的心理打过去，居然得到了回电。一个尖细的嗓音从话筒里传来:“我是约翰·德拉浦，请问您是哪位?”

“我是史蒂夫·乔布斯。”乔布斯的心脏都快提到嗓子眼了，“我和朋友沃兹很崇拜你……”

“谢谢。”这位“咔嚓船长”平淡地说,“我不想在电话里说太多。”

乔布斯急不可待地亮出底牌:“我们制作出新型的‘蓝匣子’，而且是数字式的!”

“我不想在电话里谈论此事。”“咔嚓船长”回答谨慎，也许怕有人监听,“但是我可以去你们的公寓。”

“那太好啦!”乔布斯喜出望外。

他们和“咔嚓船长”约定在伯克利分校见面。

第二天，德拉浦如约来到伯克利分校。德拉浦 30 岁左右，相貌并不像他们想象的那样酷，看上去很单薄，头发向一边梳着，身上穿件普通的牛仔服。这就是黑客王国的传奇人物、大名鼎鼎的“咔嚓船长”、让美国 AT&T 电报电话公司深恶痛绝的犯罪工程师吗?

沃兹冒昧地问了一句:“您是‘咔嚓船长’吗?”

“我就是。”德拉浦微笑道。

他气度不凡，谈吐风趣，充满了活力，说话的嗓音有点苍凉。

见到了心中的偶像，沃兹和乔布斯有点激动。他俩陪着德拉浦来到沃兹的宿舍，给他看数字“蓝匣子”。对两个追随者的产品，德拉浦表现出很大的兴趣。他问了改进之处，称赞“很出色”，这让乔布斯和沃兹很得意。

“咔嚓船长”约翰·德拉浦

“你俩有绰号吗?”“咔嚓船长”突然问。

为了标榜个性，黑客们都有自己的绰号，越是稀奇古怪越高级。

就像现在的网友，爱给自己取什么“狼心狗肺”“鸡飞蛋打”一类的网名。

乔布斯和沃兹相视一笑。

“我叫‘笨拙拖把’。”乔布斯说。

“我看你一点也不笨嘛！”“咔嚓船长”打趣道。

“我叫‘蓝色伯克利’。”沃兹有点不好意思。

“这名字有点文雅哦!”

“嘿嘿。”沃兹傻笑着。

那天送走“咔嚓船长”后，沃兹和乔布斯开车赶回洛斯阿尔托斯。汽车开出伯克利市，向西跨过旧金山—奥克兰湾桥，再经过旧金山市，沿着 101 号高速公路一路南行，结果车在行驶途中意外抛了锚。乔布斯把车停在路边，和沃兹步行到附近的加油站，在公共电话亭里用“蓝匣子”向友人求援。这时，两个警察突然出现在他们面前，盘查他俩手中捣鼓的“蓝匣子”是什么玩意儿。

沃兹谎称:“这是电子音乐合成器。”

一个警察半信半疑，另一个指着匣子上的橙色按钮问:“这是什么?”

乔布斯急中生智，答道:“这是校音用的。”

两个警察被糊弄过去了，他俩逃过了一劫。如果警察发现他俩是盗打电话的黑客，肯定会被当场抓走的。不过那天晚上也是够倒霉的了：沃兹随后开着自己的车回家时，因为疲劳撞上护栏出了车祸，所幸的是车子虽然报废了，他却只受了点轻伤。有网友调侃道:“幸好车毁人未亡，否则整个电脑历史都会因为这一次交通事故而改写。”

这一天里大起大落的奇遇，改变了沃兹的生活，也改变了乔布斯人生起步的轨迹。他们见到了偶像级的神秘人物，也经历了与监狱擦肩而过的险情。两人切实体验到制作、销售“蓝匣子”是违法的事，虽然起初只是玩玩而已，一旦深陷下去难免误入歧途。一年之后，传来“咔嚓船长”因电话线路欺诈罪被警察逮捕的消息，两人闻讯，不禁扼腕叹息。

沃兹出车祸几天之后，乔布斯在一家比萨店旁的停车场向一位买主销售“蓝匣子”时，买主突然掏出一支枪对准了乔布斯:“你是要钱，还是要命?”

当然是保命要紧，乔布斯乖乖地将“蓝匣子”交了出去。这是他最后出手的一个“蓝匣子”。“笨拙拖把”乔布斯终于决定金盆洗手，向“蓝匣子”说拜拜了。

惊险的“蓝匣子”之旅到此画上了句号。虽然这是一次恶作剧，但这次创业的实战演习，为乔布斯和沃兹日后精彩的创举奠定了基础。

乔布斯唯一授权写传记的作者沃尔特·艾萨克森，曾多次采访乔布斯。乔布斯后来回忆这段经历时曾对他说:“如果不是因为‘蓝匣子’，就不会有苹果公司，这一点我百分之百确定。沃兹和我学会了怎样合作，我们也获得了信心，相信自己能解决技术问题并把发明投入生产。”

“蓝匣子”不能做了，那做什么呢?

接下来的日子，乔布斯陷入了不知何去何从的迷茫。

里德学院的穷小子

RENSHENGQIBU

高中毕业时的乔布斯

1972 年夏天，乔布斯从家园高中毕业，17 岁的他面临着人生的选择。

17 年前，乔布斯的父母领养他的时候曾经作过承诺：保证一定送他上大学。这些年来，这对淳朴善良的蓝领夫妇省吃俭用，存下一笔钱，虽然数额不是很大，但也够他上大学了。

究竟读什么学校好，父母想听听乔布斯的意见。当时，加利福尼亚州至少有三所大学可以考虑：一是著名的斯坦福大学，被誉为“世界上最杰出的大学之一”，学费虽然高，但可申请奖学金；二是沃兹就读的加州大学伯克利分校，号称“美国工程师的摇篮”，学费比较亲民；三是迪安扎社区学院，是美国最好的两年制学院，学满后可转入斯坦福大学、伯克利分校这些名校，学费最便宜，校址就在乔布斯家所在的洛斯阿尔托斯市。

一天早晨，保罗夫妇问儿子："史蒂夫，你考虑好读哪所大学没有？"

"想好了，我决定读里德学院。"乔布斯随意答道。

"里德学院？在哪个州啊？"

听到这个陌生的名字，父母很意外。他们连里德学院在什么地方都不知道。

"就在俄勒冈州的波特兰市。"乔布斯一副胸有成竹的模样，"是所私立文理学院。"

波特兰是俄勒冈州的首府，位于美国西海岸的北边，再往北就到西雅图了。西雅图再往北就临近加拿大边境了。

"那个地方太远啦！"母亲不愿儿子跑那么远去读书。

父亲想到了学费，私立大学的学费比州立大学要高得多(事后他打听到，里德学院竟然是全美最贵的大学之一)，他担心家里负担不起。于是，父亲劝导乔布斯另外选择一所学校。

"斯坦福大学和加州大学伯克利分校，你都可以考虑嘛！"保罗语重心长地说，"还有本市的迪安扎社区学院。"

执拗任性的乔布斯却听不进去。在他的眼里，斯坦福大学老气横秋，伯克利分校只是工程师的批发站，至于迪安扎社区学院，更是名不见经传，在地图上都找不到，根本不在他的考虑之列。

"我不读州立大学，也不考虑社区学院。"乔布斯回答说，"我只读里德学院！"

保罗夫妇面面相觑，不明白儿子为什么对这所里德学院情有独钟。乔布斯说，他曾去里德学院拜访过一个朋友，对那里的印象很深刻。

“那是一所很棒的大学！”他只说了一句。

其实，乔布斯没有吐露实情。里德学院吸引他的真实原因有两个：一是里德学院以自由精神及嬉皮士生活方式著称。五年前，嬉皮士的精神领袖蒂莫西·利里曾经盘腿坐在里德学校的操场上高呼：“打开心扉、自问心源、脱离尘世！”许多里德学院的学生都把这三条劝诫奉为座右铭。乔布斯喜欢那种自由自在的环境和精神氛围。二是里德学院远在千里之外的波特兰市，在那里读大学家长鞭长莫及，管不了他，他可以我行我素。在乔布斯看来，自己已经长大成人，应该摆脱父母的掌控。而斯坦福大学和伯克利分校就在家门口，打个喷嚏父亲都能感觉得到。

乔布斯这时正处在青春躁动期，富有叛逆性。他读书的那个年代，美国人的思想观念正经历着一场大动荡，嬉皮士文化和反叛思潮盛行。许多年轻人蔑视传统，废弃道德，鼓吹远离主流社会。他们吸大麻，听爵士乐，反对传统的两性观念。乔布斯自然也受到影响。他喜欢摇滚乐，吸过迷幻药，高中毕业时与女友克里斯安·布伦南同居。因为这些放浪形骸的行为，乔布斯曾多次与父亲发生过冲突，所以他希望上大学时，能自由地“单飞”，飞得远些最好。

乔布斯还有一个心结，就是在他的潜意识里，多年来总有一个声音在徘徊:“我从哪里来?我的亲生父母究竟是谁?”

他习惯了孤独，希冀在冥冥之中找回自我。他宁愿是个无牵无挂的孤儿，没有来历，没有牵挂，可以自由自在地投入自己的生活，可以随心所欲地支配自己的人生。所有这些，就是他要就读里德学院的原因。保罗夫妇并不知晓。

父亲见乔布斯不听劝，只得实话实说:

“史蒂夫，里德学院的学费太高了，不是我们这种家庭所能承受的。”

但是乔布斯固执己见。

“我只去里德学院，否则，我就不上大学了!” 他向父母发出了最后通牒。

就像当年强求父母搬家一样，倔强的乔布斯故伎重演，“绑架”了父母。

天晓得里德学院有什么好!保罗夫妇又一次妥协了，他们决定拿出所有的积蓄，给乔布斯交学费。但他们倾尽所有，也只够交第一学年的学费，以后的学费只能再想别的办法了。

1972年夏末，保罗开车和克拉拉一起送儿子去了里德学院。

汽车沿着西海岸高速公路北上，经过长途跋涉，第二天才赶到波特兰市。里德学院建在波特兰城南的一个温泉峡谷，离市区有15分钟车程。他们到达那里的时候，离开学还有几天，校园里空荡荡的。乔布斯没有让父母走进校园就和他们分手了，他甚至连“再见”和“谢谢”都没有说。保

里德学院

罗夫妇看着儿子的背影消失在哥特式建筑的墙角，才满怀无奈地离去。

乔布斯后来回想这件事的时候，充满了愧疚:“这是一生中真正让我觉得羞愧的一件事。我当时不够体贴，伤害了他们的感情，我不该那么做。他们为了能让我去那儿读书，竭尽全力，但我就是不愿意他们在我身边，我不想让任何人知道我有父母。我就像一个搭着火车四处流浪的孤儿一样，突然出现在校园，没有根，没有与外界的联系，也没有背景故事。”

里德学院其实是所很小的文理学院，排名也很靠后，学校规模很小。里德学院的在校生只有 1000 人，规模只有家园高中的一半。但是这个学院有一点很特别，号称是“美国精神自由和学术严谨的第一院校”。学院在大一有规定必修的人文课程，大四要求每个学生完成一篇专题毕业论文。同时，里德学院也是美国本科学院中唯一一所拥有由学生自主管理核反应堆的学院。

里德学院的校徽是一头鹰头狮身像，又称狮鹫。它是古希腊传说中的神物，具有鹰的头部、翅膀和狮子的身体，集百鸟之王和万兽之王于一体，在古代是神力的象征和神圣的守护者。

里德学院校徽

在里德学院宽容自由的精神氛围下，乔布斯阅读了许多在当时堪称前卫、异端的书，如《一位瑜伽行者的自传》《活在当下》《小行星新饮食法》等，尤其是一本佛教入门书——《禅者的初心》，深深地打动了乔布斯，使他对东方神秘主义产生了兴趣。日本禅师铃木俊隆的这本书告诉人们："初学者的心空空如也，不像老手的心那样饱受各种习性的羁绊。他们随时准备去接受、去怀疑，并对所有的可能性敞开心扉。只有这样的心才能如实看待万物的本来面貌，一步一步前进，然后在一闪念中悟到万物的原初本性。"它让乔布斯看到了一个洁净、清澈，可以自由思维、自由行走的理想世界。《小行星新饮食法》则让乔布斯成为一个虔诚的素食者，他经常以麦片、胡萝卜和苹果为食。

乔布斯还结交了一些思想开放、特立独行的朋友，其中一位是丹·科特基，也是大一的学生。丹·科特基是个富家子弟，留着稀疏的胡子，穿件印度长袍，和乔布斯一样痴迷禅宗佛学，喜欢摇滚歌手鲍勃·迪伦。他们经常泡在图书馆里饱览佛教典籍，或者三五成群辩论生命的价值。两人还时常去城里的禅宗中心吃免费的素食。

但是，只过了几个月，乔布斯就发现里德学院并不是自己想象的“嬉皮士天堂”。这里的氛围虽然宽松，能够容忍学生的种种出格行为，但是对学业的要求却很严格，每年都有三分之一的学生因为不堪重负而退学。里德学院校徽上的狮鹫标志，仿佛随时在提醒学子们：在这里，思想可以像鹰一样自由翱翔，但学业必须如雄狮般脚踏实地。

乔布斯对很多课程不感兴趣，他只选了几门喜欢的课，其余大多数时间都被他用来参禅、打坐、到处游荡。一个学期下来，乔布斯终于意识到，花掉家里的全部积蓄来这里学习，也许是个愚蠢的选择。

那可是父母的血汗钱啊！

经过一番盘算，聪明的乔布斯决定退学。学校同意了，并退还了他部分学费。乔布斯把这些钱寄给了父母。因此，乔布斯仅仅在里德学院念了一个学期。有意思的是，后来乔布斯创立了苹果伟业，里德学院却在官网上把他列为第一“著名校友”。

为什么说乔布斯聪明呢？因为他瞅准了里德学院宽松自由的“优越性”，虽然退了学，学院却允许他旁听课程。乔布斯后来回忆说：“现在回头看，那的确是我一生中最棒的一个决定。在我作出退学决定的那一刻，我终于可以不必去读那些令我提不起丝毫兴趣的课程了，我可以去修那些看起来有点意思的课程。”

当然，学生宿舍是住不成了，乔布斯就在朋友房间的地板上搭铺睡觉。一夜之间，乔布斯成为里德学院里的穷小子，但他的精神却很充实。为了填饱肚子，他有时去捡空可乐罐换 5 美分买面包。乔布斯还常常在星期天傍晚步行 7 英里（1 英里相当于 1.6 千米），穿过波特兰城，去一座印度教寺庙吃美味的免费素餐。

乔布斯以退学生的身份在里德学院待了一年。在这里，乔布斯找到了自己的精神寄托——禅。他跟着直觉和好奇心走，学到了很多东西，此后被证明是无价之宝。里德学院的书法课程是全美最好的，乔布斯选修了这门课程，学会了一手漂亮的美术字，还学会了如何在不同的字母组合中改变空白间距，还有最棒的印刷式样。十年后，他把这种精妙的艺术贯注在第一台苹果电脑的设计里，获得了绝妙的效果。乔布斯在里德学院还学习了现代舞蹈，这些课程影响了他在动画片领域的艺术直觉，使他终身受益。1991 年在一次里德学院的聚会上，乔布斯曾感慨地说："尽管时光流逝，我依然感谢上帝，让我拥有在里德的这些经历。这段经历在我做的所有事情当中都起到很重要的作用，虽然当年我并未料到。"

乔布斯的一生可谓传奇、有创意、追求完美、特立独行。

而这些正是里德学院的精神。这种精神在乔布斯身上得到了最好的体现。

难怪里德学院的校长后来说："里德就是奇思妙想，而乔布斯把种种奇思妙想变成现实，将里德的这种精神体现得淋漓尽致。"

朝拜之旅

RENSHENGQIBU

1974年初，乔布斯离开里德学院，回到洛斯阿尔托斯的家里。

保罗夫妇见儿子归来，喜不自胜地深情拥抱他。乔布斯从提包里掏出几件小礼物：一把瑞士军刀，是送给老爸的；给老妈的是一顶浅灰色绒帽；还有一块绣花头巾，是送给妹妹帕蒂的。帕蒂高兴地吻了他一下。

一年半时光，乔布斯长高了，也懂事多了。他的身体精瘦结实，也许是改吃素食的缘故，身上也没有多余的脂肪。

父亲问乔布斯下一步有什么打算。

"我很想去一趟印度。"

"印度？在万里以外的亚洲哦……"母亲感到惊讶。

"读万卷书，行万里路。"乔布斯说了一句中国谚语。

父母不禁对儿子刮目相看。

为了攒够长途旅行的钱，乔布斯决定先去打工。一家名叫雅达利的游戏机公司的招聘广告吸引了他，上面写的是："玩着赚钱！"在快乐中赚钱，这很对他的胃口，于是他去应聘。

19岁的乔布斯穿件有破洞的牛仔裤，梳着怪异的发型，脚蹬凉鞋，信步走进雅达利公司的大厅，声称自己是来应聘的。公司人事主管打量了他一眼，心想：从哪儿冒出来的嬉皮士啊？

他盘问了乔布斯的来历、学业等情况，淡淡地说："我们要招的是'高级电子机械师'！"

乔布斯面不改色，回答说："我 13 岁就设计频率计数器，17 岁和朋友一起研制数字'蓝匣子'，'高级电子机械师'应该算得上。"

人事主管说不过他，于是向技术总监奥尔康报告说："有个里德学院的辍学生来公司，非要我们雇用他，否则他就不走了。"

"哦？里德学院的辍学生？带来瞧瞧。"

人事主管把乔布斯带进总监办公室。奥尔康和乔布斯交谈了几句，就被他的激情和活力打动了。"恭喜，你被雇用了！"他友好地伸出手对乔布斯说。

于是，乔布斯成了雅达利公司的第 50 名员工，工资按每小时 5 美元计。他的工作是负责游戏机的成品检验，这个活儿乔布斯很胜任。他和公司高层的关系也处得不错。几个月下来，乔布斯的钱包渐渐鼓了起来，于是他决定实施去印度朝圣的计划。

乔布斯期待去印度的原因，是想进行一次梦寐以求的精神之旅。他曾对好友丹·科特基透露说："这不是单纯的冒险，对我来说，这是一次很严肃的探索。我迷上了自我启蒙的想法。"

“是啊!”丹·科特基听出这是肺腑之言。

“别人都不知道，其实很久以来我就想弄清楚我到底是谁，我从哪里来，我该怎样融入这个世界……”乔布斯煞有介事地说。

科特基明白，这是驱使乔布斯印度之旅的一个深层次的原因。乔布斯不知道自己的亲生父母是谁,“他心里有个洞，他想把它补上”。

这一天，乔布斯走进总监办公室，说自己打算辞职去印度旅行。

“去印度做什么哟?”奥尔康瞪大了眼睛。

“我要去寻找我的精神导师。”

奥尔康一听乐了，开玩笑说:“不会是吹牛吧?记住给我写信啊!”

“我有个请求。”乔布斯一脸坏笑，“您能不能赞助我旅行费用哟?”

“做梦!”奥尔康并不傻。

“算我没说。那就拜拜了!”

“别着急，让我考虑一下。”

好心的奥尔康想到一个两全其美的办法。他告诉乔布斯，雅达利公司在欧洲有批发业务，可以派乔布斯去欧洲出差。等公事办完后，乔布斯可以从那里直接去印度，能节省不少旅费。乔布斯求之不得。

于是，乔布斯以雅达利公司技术员的身份启程去欧洲，在慕尼黑、都灵逗留了数日。他快刀斩乱麻，同批发商谈完生意，然后从瑞士搭机飞往印度。从美国出发前，乔布斯曾打电话给丹·科特基，邀他一起去印度朝圣。科特基正在里德学院读大三，两人约好数日后在新德里宾馆碰头。

5月初，乔布斯搭乘的飞机在新德里机场降落。走出机场，乔布斯就感觉到热浪滚滚，新德里和他想象的完全不一样。举目四顾，街道狭窄拥挤，一片嘈杂，满街都是面孔消瘦、衣衫褴褛的穷人。乔布斯在新德里等了几天，丹·科特基还没有到。于是，他在宾馆留下一个便条，独自到印度北部的赫尔德瓦尔朝拜去了。

赫尔德瓦尔位于恒河的源头，那里每三年举办一次盛大的宗教集会。乔布斯赶到时，正遇上十二年一轮最大规模的宗教节日“大壶节”。这是佛教广结善缘、不分贵贱的大斋会，僧俗、贫富、智愚、善恶，一律平等对待。像山景城那么大的一个小镇，竟然涌来了七八百万朝圣的人。乔布斯亲眼目睹了成千上万的朝圣者从喜马拉雅山麓走下来，他们披着印度长袍，赤着双脚，一脸的木讷和虔诚，涌到恒河里浸身洗礼。据说，在恒河里浸身洗礼能够洗涤罪孽。

在夕阳余晖的映照下，波光粼粼的河面上人头攒动，岸上香烟袅袅，周边是萦耳不绝的梵音。他被这壮观的一幕所震撼。

乔布斯曾听丹·科特基说起过，印度有个名叫尼姆·卡罗里·巴巴的印度教大师，道行极深，就住在喜马拉雅山脚下。

恒河里的宗教集会

这位大师曾收里德学院一个学生为徒，估计也不是正式拜师，算个信徒而已。那个学生从印度回来后，起了一个“慧德”的法名，换上飘逸的印度长袍，整天赤着脚走来走去，气度不凡，言必称“自我启蒙”，成了里德学院的另类明星。

乔布斯在大壶节上打听到，尼姆·卡罗里·巴巴就住在靠近奈尼塔尔的一个村庄里，那里是印度神话中神灵的居住地。乔布斯兴冲冲地赶到那个圣地，却发现大师在六个月前圆寂了。乔布斯在尼姆·卡罗里·巴巴住过的房前徘徊了一阵，怅然而去。佛教也好，印度教也好，都讲究缘分，看来他和大师是无缘了。

走到另一个村落时，乔布斯遇到一群年轻的印度教信徒正在聚餐，其中有个法国的瑜伽修行者微笑着招呼乔布斯入席。乔布斯还没有回过神来，这个法国靓仔就拿出一把剃刀，以健康为理由把他满头的长发唰唰地剃掉了。

乔布斯无奈地摸着光头自嘲道:“嘿嘿，嬉皮士变成小和尚了!”

待乔布斯回到新德里时，丹·科特基已经来了三天了。科特基在事先约定的宾馆下榻，然后满城地寻找乔布斯。他在大堂和乔布斯撞了个满怀，差点认不出他来。

“你怎么变成和尚了?”丹·科特基瞅着他的光头，呵呵地笑。

“和尚怎么啦?和尚很健康!”乔布斯答道。

乔布斯告诉了丹·科特基这段时间自己的经历，尤其是尼姆·卡罗里·巴巴已经去世的事。丹·科特基听后也很沮丧，寻找精神导师的理想就此破灭了。接下来，失去目标的他俩开始在印度流浪。他们漫无目的地在各地游荡，起先完全不知道往哪里走，后来去了靠近尼泊尔的地方。他们还去过一个温泉小镇，白天泡温泉，晚上睡在油渍渍的床单上。一路上，他俩经常遇到和他们一样来自西方的年轻人。他们云游四海，混吃混喝，迷失在印度教的神秘和隐士的光环里。

深秋时节，乔布斯回到加利福尼亚州。他从伦敦转机，搭乘一架便宜的航班回到奥克兰，然后在机场打电话给父母，叫他们来接他。奥克兰西邻旧金山，中间仅隔一个旧金山湾。保罗夫妇接到电话，又惊又喜。保罗立即开车和克拉拉一起赶往奥克兰，他们从洛斯阿尔托斯出发，不到两小时就赶到机场。乔布斯坐在出港大厅的长椅上，穿件印度长袍，剃着光头，皮肤晒得又黑又红。保罗夫妇从他身旁至少来回走过五次，也没有认出他来。

最后母亲走上前问道："史蒂夫吗?"

乔布斯抬起光头大笑："嗨，妈妈!"

这次朝圣之旅，乔布斯对幻想中的印度产生了许多疑问。他看见一个真实的印度，那里的贫穷落后与它神圣的光环之间存在着触目惊心的反差。虽然乔布斯没有找到所谓的精神启蒙，但他有一种脱胎换骨的感觉。

19 岁的乔布斯开始重新审视世界和人生，他感慨地说："我们找不到一个地方能让我们呆上一个月，就能得到顿悟。我生平第一次开始思考，也许托马斯·爱迪生对改变世界作出的贡献，比卡尔·马克思和尼姆·卡罗里·巴巴两个人加起来还要大。"

创立“苹果”

CHUANGLIPINGGUO

第一桶金

CHUANGLIPINGGUO

从印度回来，乔布斯常去洛斯阿尔托斯的一家禅宗中心。在那里，他遇到了来自日本的禅师乙川弘文。乙川弘文是禅宗大师铃木俊隆的弟子，1967 年受铃木俊隆禅师邀请，从日本来到旧金山禅院做他的助理。铃木俊隆禅师 1971 年圆寂后，乙川弘文来到洛斯阿尔托斯禅宗中心讲授禅学。乙川弘文禅师性格平和，充满睿智，精通书法和剑道，对乔布斯影响很大，后来成了乔布斯的精神导师和终生益友。

禅宗六代祖师慧能像(明代戴进绘)

在参禅室旁的小屋里，乔布斯和乙川弘文禅师一起喝茶聊天，参禅悟道，度过许多宁静的时光。乙川弘文教乔布斯打坐、冥想，更教会他如何聆听自己的内心。乙川弘文告诉他，公元 520 年达摩东渡，成为中国禅宗的初祖，至六代祖师慧能，中国禅宗得以发扬光大，其精髓为："直指人心，见性成佛；不立文字，教外别传。"六祖慧能的五大弟子之一洞山良介，创立了曹洞宗，后来传到日本。他说："修行的真正目的是参透你内心的智慧。如果不能发现自己，就无法与任何人交流。"

乔布斯当时有一个困惑：是出家静心参禅，还是应该实现自己创业的梦想？

"大师，我应该何去何从？"他向乙川弘文禅师请教。

禅师转述了六代祖师慧能的话："不是风动，也不是幡动，而是心动。"

他鼓励乔布斯按照本心生活。他对乔布斯说："真正的佛教徒并非一定要跑到深山野岭里坐禅，努力把事情做好的本身就是开悟。"

这让乔布斯豁然开朗。

休整了一段时日之后，乔布斯决定去雅达利公司继续上班。

丹·科特基提醒他："你离开半年多了，雅达利还会要你呀？"

乔布斯说："我试试看。"

第二天早晨，乔布斯来到雅达利公司。他赤着脚，穿件橘黄色的袍子，在众人惊诧的目光注视下，推开了总监办公室的门。

奥尔康抬头一看，还以为是哪家庙宇的僧人来了。他正纳闷，乔布斯开口说话了："嗨，我是乔布斯！"

奥尔康仔细一瞧，果然是乔布斯，不禁又惊又喜。

“天哪，原来是你！”

乔布斯手里拿着一本《活在当下》，递给奥尔康说：“这本书写得很棒，你一定要读一读。”

奥尔康收下书，感谢他的好意。乔布斯问道：“我能回来工作吗？”

“当然可以！”奥尔康笑着说。

于是，乔布斯又回到雅达利公司，继续做他的检验技术员。不过，由于他的装束超凡脱俗、行为乖张，为一般员工所不容。为了公司的内部和谐，乔布斯被安排上晚班，他也乐得自在。

乔布斯的老朋友沃兹这时在惠普公司工作，他住的地方离雅达利公司很近。晚饭之后，沃兹常去找乔布斯玩电子游戏。

沃兹在伯克利分校读完大三后，就进了惠普公司。虽然他没有大学文凭，但惠普公司的一位副总裁很赏识他的设计水平。惠普公司是沃兹梦寐以求的地方。进了惠普公司，沃兹如鱼得水。沃兹的理想，是要“成为一个设计电脑的工程师，一个最好的工程师，一个风趣的工程师”。他认为，惠普这家全世界独一无二的公司能够成就他。当时惠普公司生产各种先进的仪器，包括计算器、示波器、测试仪等，几乎制造所有工程师使用的工具。而且惠普公司的管理非常人性化，很尊重自己的工程师。这些都是吸引沃兹的地方。公司里有间休息室，每天上午 10 点、下午 2 点都免费供应油炸圈饼和咖啡。员工们一边品赏美味点心，一边交流自己的观点，非常轻松惬意。乔布斯13岁那年的暑假到惠普公司打工时，就天天光顾这间休息室。凡是吃过惠普油炸圈饼的人，都会念念不忘。

有一天，沃兹带着未婚妻爱丽丝在一家保龄球馆玩，被一台名叫“乒乓”的游戏机迷住了。这台与众不同的电子游戏机，是雅达利公司的新产品。它用黑白电视屏做显示器，游戏时会发出砰砰砰的声音。只要投进两个1角硬币，两人就能一起玩。用遥控盘操做球拍，就能把弹跳的白球打给另一个玩家。

沃兹兑换了一把硬币，和未婚妻津津有味地玩了一会儿。

待硬币玩完了，沃兹伫立在“乒乓”机前发了一阵呆。爱丽丝问他:“怎么啦？你在想什么?”

沃兹如梦初醒，回答说:“我想，我也能设计一个!”

沃兹刚才沉思时，想到了这种电子游戏机的数字程序原理。他懂电脑，懂二进制原理，对电视屏显示也了如指掌，所以他有把握能造一台游戏机。而且，用最少的零件完成设计是他的长项。回到家里，沃兹就开始干起来。他先在纸上设计，不断改进，目的是要突出风格。最后，沃兹只用了28个零件就完成了“乒乓”机的设计，而且在屏幕上增加了有趣的得分显示，一旦玩家没有击中球，就会跳出“HECK”（真见鬼）和“DAMN”（该死）的字样。

沃兹把这台“乒乓”机带到雅达利公司，给乔布斯演示。

沃兹的新机器在雅达利公司里引起不小的轰动，大家都来围观，争着一试，纷纷称赞他的杰作妙趣横生。奥尔康看后非常欣赏，立即想把沃兹挖过来。他对沃兹说:“欢迎你来雅达利公司工作。”但沃兹婉谢了他的盛情，表示自己不会离开惠普公司。“我要一生为惠普贡献。”他憨厚地说。

不过，沃兹因此和雅达利公司结了缘。

过了一阵子，雅达利公司的老板诺兰·布什内尔想开发一款新游戏机，取名“打砖墙”。这是“乒乓”游戏机的换代产品，可以一个人玩，实际上是“乒乓”机的单人版本。玩游戏时，只要操作遥控盘球拍，用弹力球摧毁砖墙，把砖块一个个打掉，玩家就可以逃生。公司的同事们谈论开发这款机器，估计至少需要几个月的时间。乔布斯心里盘算，若是让沃兹来帮忙设计，应该手到擒来。

这天，老板布什内尔偶然和乔布斯说起这个项目，乔布斯当即夸下海口说:“这不难，我四天就能拿出设计方案来。”

布什内尔盯着乔布斯看了一眼，小伙子表情严肃，不像是戏言。于是他对乔布斯说:“这款新机器我要有所突破，必须用最少的芯片完成。”

乔布斯灵机一动，答道:“这没问题，不过老板有没有奖励哦?”

布什内尔呵呵一笑。

“如果你使用芯片的数目少于 50 个，我有重奖。”他说。

这个要求其实非常高，其他厂家同类型的产品，当时最少也要用100多个芯片。布什内尔见乔布斯的眉心动了动，又加上一句："每少一个芯片，我奖励1000美元。"

乔布斯接下军令状，立刻来找沃兹。

"你必须加入！收入咱俩平分。"他鼓动沃兹，"他们都说，你是完成这个设计的最佳人选。"

沃兹中了他的激将法，嘿嘿一笑，颇为兴奋。

听乔布斯介绍了"打砖墙"的要求，沃兹感觉这是一个挑战，不仅器件要少而精，对软件的要求也很高。但越是高难度的技术设计，沃兹越有兴趣。沃兹后来回忆说："这是我平生接受的一次最美妙的邀请，因为我可以真正设计一款人们实用的游戏！"

"好吧，我加入。"沃兹痛快地答应道。

"必须在四天内做出来。"乔布斯交了底。

"什么？只有四天时间！"沃兹感到时间太紧。乔布斯说老板只给了四天，没有通融的余地。

于是，两个史蒂夫玩命般地干了起来。沃兹负责线路设计，并用BASIC语言编写游戏程序。BASIC语言是一种非常受欢迎的计算机语言，1963年由两个大学教授约翰·克门尼和托马斯·克兹创建，英文全称为"Beginner's All-Purpose Symbolic Instruction Code"，意思为"初学者通用符号指令"。由于BASIC语言简单易学，非常受欢迎，很快就普遍流行起来。几乎所有小型、微型以及家用电脑，甚至部分大型电脑都采用BASIC语言编写程序。沃兹也学会了用它编写程序。

乔布斯与沃兹配合，提供线路板，并负责焊接零件。两人连续加班干了四天四夜，终于完成了这款游戏机。整台游戏机沃兹只用了 45 个集成电路芯片，连他都为自己超水平的发挥感到震撼。

沃兹说:“游戏机完成之前，我自己也没有意识到软件能将游戏开发到这种地步，真是太神奇了！我对乔布斯说电子游戏将跨入新时代。只是想想，我就震惊得发抖!”

“打砖墙”机让乔布斯获得 750 美元的开发费，他分给沃兹375 美元，正好一半。沃兹很满意，这比他在惠普公司得到的年终奖还要多。这是乔布斯和沃兹合作得到的第一桶金！两人卖“蓝匣子”也赚过钱，但那不能算合法收入。

有点喜剧的是，雅达利公司老板重奖的事乔布斯没有告诉沃兹，据说布什内尔事后兑现了他的承诺，奖励了乔布斯 5000 美元，乔布斯全部揣进了自己的腰包。还有一种说法，布什内尔给乔布斯的奖金只有 1000 美元，无论这笔钱是多是少，反正乔布斯没有公开。很久以后，沃兹才从雅达利公司总监奥尔康那里偶然得知事情的真相。很难说乔布斯为什么要隐瞒奖金的事，也许是贪心，也许是恶作剧，也不排除有另一种可能——在乔布斯的潜意识里，自己是老板，沃兹是高级打工仔，他自然应该是项目的主宰。其实在乔布斯的天性里，也有慷慨的一面，有件小事能体现这一点。他和丹·科特基去印度朝圣时，丹·科特基装有旅行支票的睡袋被人偷了。乔布斯回美国前，把自己剩余的 100 多美元都给了丹·科特基。

不过，比起乔布斯和沃兹后来共创苹果公司的辉煌历程，这只是一个小小的插曲。沃兹没有因为这件事对乔布斯心怀不满，而乔布斯也可能认为没什么大不了的，他们仍然是黄金搭档和好朋友。

厚道的沃兹后来回忆说："他骗了我，但我并不在意。人和人是不同的，我没有必要为这件事耿耿于怀。"

"牛郎星"的召唤

CHUANGLIPINGGUO

1975年1月，电脑领域发生了一件激动人心的大事。

《大众电子》杂志封面上刊登了一则惊人的消息："世界上第一台微型电脑——牛郎星8800（Altair 8800）诞生，堪与市场上的商用电脑相匹敌！"这个消息一经传出，就像夜空中闪亮的牛郎星一样，迅速照亮了计算机行业的天空。热衷个人电脑的发烧友们奔走相告，如痴如醉，顿时掀起了一股研究的热潮。

"牛郎星"的发明人爱德华·罗伯茨是位电脑爱好者，长得虎背熊腰，一副精力过剩的样子。他当过兵，去过越南，有浓重的反战情结，退役后在新墨西哥州阿尔伯克基市开了一家小公司，名叫"微型仪器与自动测量系统公司"（简称MITS），专门制作、销售台式计算器，生意很红火。不料，到了 1974 年，实力雄厚的德州仪器公司染指计算器市场，大打价格战，罗伯茨竞争不过，濒临破产边缘，欠下 25 万美元的债务。为了挽救濒临倒闭的公司，罗伯茨孤注一掷，决定利用英特尔刚刚问世的 8080 微处理器，为电脑爱好者制造个人计算机。他四处游说，从银行贷出 6.5 万美元，又向英特尔讨价还价购买芯片。8080 芯片零售价为 397 美元，罗伯茨最终将价格谈到 75 美元。这时已是 1974 年 12 月，罗伯茨立即突击组装样机，同时派人与新闻媒体联络。

恰好，《大众电子》杂志几个月来一直在寻找业内的爆炸性新闻。《大众电子》有 50 万订户，是美国影响最大的一家电子月刊。编辑索罗门听说后从纽约飞到新墨西哥州，看了罗伯茨的设计方案，他马上意识到，这是一个有可能引起轰动的话题。索罗门当即告诉罗伯茨，同意在《大众电子》杂志 1975 年 1 月刊上介绍这个产品，为了争取先机，扩大影响，该期杂志可提前出版。罗伯茨不禁喜出望外。

“要给这台新电脑取个响亮的名字。”索罗门说。

“还没取好。”罗伯茨说，“想了几个，都不咋样。”

回到家里，索罗门还是琢磨不出这台尚在襁褓中的电脑叫什么好，他征求 12 岁女儿的意见。女儿当时正在看电视播放的科幻片《星际旅行》，屏幕上探险宇宙的飞船正飞向一颗新星——牛郎星，她随口答道：“为什么不叫牛郎星呢？”于是，“牛郎星”的名字便诞生了。罗伯茨和索罗门都很喜欢。这个载入电脑史册的名字，竟出自一个小女孩之口，后

《大众电子》杂志封面上的“牛郎星”广告

罗伯茨和他的“牛郎星”

来被传为佳话。

还有一个小插曲。索罗门要在《大众电子》杂志封面上刊登出“牛郎星”的照片，没想到，唯一的一台样机在邮寄中莫名其妙地丢失了。杂志已经排了版，要抢在圣诞节前发行，索罗门急得像热锅上的蚂蚁。MITS 公司绝不可能立即重新组装出第二台，罗伯茨万般无奈，只好把一个仅有的电脑外壳重新寄出。没想到，这台“空壳电脑”一经刊登，竟激发起百万余电子爱好者的热情。

牛郎星 8800 取得了巨大的成功。杂志上刊登每台售价 397 美元，订单像雪片般飞来，MITS 公司因此起死回生。仅在 1975 年，就卖出了 2000 台，不仅还清了欠款和借款，还取得丰厚的效益。罗伯茨一时间成为微电脑的领军人物。在他的激励下，四个月之后，19 岁的比尔·盖茨和 22 岁的艾伦创立了微软。一年后，21 岁的乔布斯和 26 岁的沃兹也创立了苹果公司。他们四人在“牛郎星”光芒的指引下脱颖而出，叱咤 IT 风云，成为电脑史上的四位“天王级”人物。这是后话。

“牛郎星”的名字像野火般蔓延开来。1975 年 3 月，硅谷里的一群电脑迷成立了家酿电脑俱乐部（Homebrew Computer Club）。“家酿”(Homebrew）这个名字饶有趣味，体现了俱乐部成员的反叛精神。南北战争后，美国曾颁布禁酒令，不准私家酿酒。二战后，美国年轻一代离经叛道，藐视权威，民间私酿风又起，人们把这种酒亲昵地叫作“Homebrew”。家酿电脑俱乐部的成员都是自己动手做电脑的发烧友，因此，“家酿”这个词很恰当。有的书把它译作“自制电脑俱乐部”，意思表面上近似，韵味却全无了。

1975 年 3 月 5 日，家酿电脑俱乐部举行了第一次聚会，地点在斯坦福大学附近的一个车库里，主持人是戈登·弗伦奇。车库就是他的。

一个朋友打电话给沃兹，说惠普公司的公告栏里贴出一份传单，上面写着：“你想组装自己的电脑或者终端机、打印机、黑色数字魔匣吗？如果想的话，来参加与你志趣相投的人的聚会吧！”

“这份传单挺有趣！咱们去瞧瞧如何？”朋友建议说。

“好吧，也许还能发表点意见。”

沃兹受到鼓动，同意参加会议。沃兹后来回忆说：“这是我生命中又一个重要的电话，再次改变了我的人生。它将我引入了家酿电脑俱乐部。”

3 月 5 日，天空飘着小雨，天气有点冷，但会场的气氛却异常热烈，车库里人挤得满满的。到会的共有 32 人，都是电脑爱好者，多数是硅谷的年轻人，也有年龄大一点的工程师。大家轮流作自我介绍，诸如姓名、爱好、特长等等。有人带来了那本《大众电子》杂志，还演示了一台牛郎星 8800 机，引起了大家的热烈讨论。最后议题转到了“合作”和“共享”，大家确立了俱乐部的原则：不收会费，不设门槛，交流为主，定期举行，并一致同意将俱乐部命名为“家酿电脑俱乐部”。沃兹生性腼腆，有点紧张，才说了几句话脸就红了，没能发表什么引人注目的意见。他意外发现，约翰·德拉浦也在场，正坐在前排冲他笑。这位“咔嚓船长”刚出狱不久，看上去精神颇佳。他是与会者里名气最大的黑客，讲话很有分量。约翰·德拉浦站起来，挥着手臂大声宣称：“我相信，今天的聚会一定会引爆一场伟大的电脑革命！”他的鼓励博得一阵欢呼和掌声。

他还不忘问沃兹：“你那位搭档‘笨拙拖把’呢？”

家酿电脑俱乐部的聚会

“没来得及通知他。”沃兹遗憾地说。

“叫他一定要来，电脑世界也许会因他而精彩!”

乔布斯得知家酿电脑俱乐部的消息，立即意识到这是个大好机会，一个“人人都有电脑”的时代就要来临了。他马上和沃兹一起加入了俱乐部，积极参加聚会，成为俱乐部的核心成员。家酿电脑俱乐部每两周举行一次聚会。俱乐部发展很快，仅两个月成员就增加到 100 多人。车库里拥挤不堪，于是聚会地址迁到斯坦福大学直线加速器中心的礼堂。

在 3 月 5 日那次聚会上，有人散发了一家加拿大公司 8008 微处理器的技术资料。沃兹带回家仔细琢磨，发现这个微处理器的功能，和自己在高中、大学反复设计的小型电脑很相似，只不过中央处理器的零件都集中在一块芯片上，即微处理器，而不是一大堆零件。

沃兹又研究了《大众电子》刊载的“牛郎星”资料，发觉在聚会中人人津津乐道的这台微电脑，和自己5年前设计的“奶油苏打电脑”相差无几，几乎完全相同！不同的是“牛郎星”使用了微处理器——在金属制成的小盒内，装进两块集成电路，一块即8080芯片，另一块是仅有256B容量的存储器。和“奶油苏打电脑”一样，“牛郎星”也没有键盘，需要用手拨动面板上的8个开关输入程序，计算结果由几排小灯泡显示。还有一个不同是，“牛郎星”以397美元出售，而“奶油苏打电脑”却没花一分钱。

这一刻，沃兹茅塞顿开：“仿佛我一生中就在等这一时刻的来临。”沃兹设计小型电脑的经验，在“乒乓”游戏中将信号连入屏幕，研发“打砖墙”制作了电视终端……所有这些，都是在为设计个人电脑做的预演。

“噢，我终于能制造自己的电脑啦！我要把它设计得不同凡响！”

这时，一个奇想从沃兹的脑海里蹦出来。

沃兹把他的想法告诉了乔布斯。

“你能造出比牛郎星8800更棒的电脑？”乔布斯问他。

“为什么不能呢？”沃兹信心十足，“个人电脑应该更小、更便宜，而且能够轻松地进行人机交流，比如键盘和显示器。”

乔布斯意识到这个设计思想确实不同凡响，甚至带有革命性。因为当时所有的电脑都用开关和灯泡作输入和显示，与其说是个人电脑，不如说更像一台仪器。如果能把键盘、显示器和电脑主机整合成一体，那就完全不同了。

“这听起来很美妙。”他鼓动沃兹说，“动手干吧！”

沃兹一回家就干了起来。他设计了新电脑的草图，反复琢磨，不断修改，这就是后来的“苹果Ⅰ”。起初沃兹打算用“牛郎星”使用的英特尔8080微处理器，后来觉得成本太高，决定寻找替代品。通过惠普公司的一个朋友帮忙，能搞到摩托罗拉6800微处理器，每个40美元，这比英特尔8080便宜多了。沃兹正准备采用摩托罗拉6800，神通广大的乔布斯打听到MOS科技公司生产的6502微处理器，性能和摩托罗拉6800相同，价格却只有20美元。这太棒啦！于是沃兹决定采用6502微处理器。这样一来，新机器的价格会更低廉，让人买得起。

乔布斯还时不时给沃兹提出一些好建议。至于对外联络的工作，就由乔布斯包干了。

每天从惠普下班后，沃兹回家吃饭，然后开5分钟的车去惠普的工作室加班。他很喜欢惠普的工作气氛和条件。待设计竣工，所有的器件到位后，沃兹开始进行组装。机器装好后，他又编写软件程序，让微处理器在屏幕上显示图像。由于使用计算机编写程序费用很贵（按使用时间计费），沃兹承担不起，他就自己用手写代码。虽然花了很多时间，但节省了一大笔钱。

“苹果”诞生

CHUANGLIPINGGUO

两个月后，沃兹设计的新电脑组装完成。沃兹在工作室对机器进行测试，他邀请乔布斯一起来见证这一时刻。沃兹把制作完成的主板与键盘、显示屏连接起来，然后在键盘上敲了几个键，结果让他惊呆了，那些字母都显示在屏幕上了！这在个人电脑历史上尚是第一次。

沃兹下意识地抬起手腕看了一下表，时针正指着晚上 10 点。历史记下了这一具有里程碑意义的时刻：1975 年 6 月 29 日，星期天。

沃兹和乔布斯在调试苹果Ⅰ原型机

乔布斯也大为震惊，兴奋不已。他对沃兹说:“个人电脑的历史可能要改写了!”

“嘿嘿。”沃兹只顾傻笑，为自己的设计感到自豪。

沃兹把新机器带到家酿电脑俱乐部聚会上，向成员们展示。大家纷纷前来围观，七嘴八舌地提了不少问题。也许因为沃兹的设计理念过于超前，也许因为新机器的外观有点简陋，沃兹的发明并没有引起多大轰动。

“这设计挺酷的!”一个工程师客气地说。

“可惜没有牛郎星漂亮。”另一个啧啧嘴。

这些俱乐部成员大多还沉迷于牛郎星 8800，所以瞧不上沃兹的另类宝贝。至于沃兹引以为自豪的人机交流方式，这些技术高手并不以为然。在他们看来，使用开关和小灯泡已是司空见惯的了。

乔布斯对现场的反应有点失望，颇为沃兹感到不平。

“一群高新科技的近视眼!”他嘟囔道。

沃兹的反应却很平淡。他本来就不善于表现自己，大伙儿能对他的成果感兴趣，他就挺满意了。他还把机器的设计图纸复印了 100 份，免费供大家取阅，希望都能造出自己的电脑来，客气点说就是抛砖引玉。沃兹的想法很单纯，就是乐于奉献，帮助他人，这和家酿电脑俱乐部的主旨“信息共享，互通有无”也是一致的。沃兹后来说:“我之所以设计苹果Ⅰ，就是因为我想把它免费贡献给别人。”

乔布斯反对沃兹这样做，劝他下次不能再把技术资料公开了。他告诉沃兹，比尔·盖茨设计的软件就是收费的。沃兹也知道这一点。

比尔·盖茨和保罗·艾伦读到《大众电子》杂志1月刊后，立即与罗伯茨取得联系，一个多月后揽下牛郎星8800的软件业务。这个西雅图的电脑神童为牛郎星编写了BASIC 2.0语言程序，家酿俱乐部不少人拷贝了这个软件，都没有付费。比尔·盖茨知道后，给家酿俱乐部发来一封公开信宣称："请大多数电脑发烧友们明白，你们的软件都是偷来的。这公平吗？你们这样做的结果，就是不会有人再愿意编写好的软件。谁能承受得起无偿地进行专业工作？"信的最后一句意味深长："如果有谁愿意付钱的话，给我来信，我会很感激。"

乔布斯和比尔·盖茨一样，更具有商业头脑和运营意识。他预感到，沃兹设计的电脑是一个完全可能改变世界的产品，其中蕴含着莫大的商机。

"你的电脑是前所未有的。"回到家里，乔布斯对沃兹说，"这些人无法理解，他们根本看不到电脑将如何改变人们的生活。"

"嗯，你说得对。"沃兹觉得乔布斯的话很中听，"我设计的电脑确实是革命性的，可惜他们理解不了。"

乔布斯动员沃兹，可以批量制造这种电脑的电路板，销售给学生电脑迷。他们自己买个芯片插上去就能用了，价廉物美，销路一定很好。

"你是说，我设计的电脑可以变成产品来销售？"

“当然，一定能赚一大笔钱。”乔布斯给沃兹算了一笔账：制作 50 张电路板，成本大约为 1000 美元，若以每张 40 美元的价格卖出去，再扣除设计费用，至少有 700 美元的利润。

“如果收不回成本呢？”沃兹比较保守。

“不会的。”乔布斯拍拍胸口，“你忘啦，‘蓝匣子’卖得多火呀！”

沃兹有点心动了，但还是有些犹豫。

“我设计个人电脑，是为了发明的乐趣，并不想赚钱。”他坦率地说。

“不想赚钱只能说明你清高。”乔布斯打断他的话，“可是清高不等于高尚。比如，你知道爱迪生吧……”

乔布斯很崇拜爱因斯坦，也崇拜爱迪生，他们都是改变世界的人。为了说服沃兹，他搬出了这个发明大王。

“爱迪生就是个榜样。他发明电灯，发明留声机，发明电影放映机，都是收费的。一个伟大的发明家，只有他的发明变成了实用的商品，才能真正造福于大众。”

乔布斯说得煞有介事，又很有道理。

“这话是爱迪生说的吗？”沃兹问他。

“是我说的，嘿嘿。”乔布斯扮了个鬼脸笑道，“不过，爱迪生的成功证明了这一点。”

沃兹终于被说服了。

“你说怎么干吧？”他问。

“咱们办一个公司。”乔布斯说，“你想想，在我们一生中，如果能拥有一家自己的公司，有多棒！”

“天哪，两个史蒂夫要创办一家公司！”

沃兹立刻就同意了。

要创办公司，首先必须有资金。到哪里去筹款呢？银行不可能贷款给两个默默无闻的毛头小伙子。

“咱们去找雅达利公司。”乔布斯计上心头。

“能行吗？”沃兹问。

“奥尔康总监和我有交情，试试看。”乔布斯说。

乔布斯让沃兹抱上他设计的机器，两人一起去公司游说奥尔康为新产品投资。奥尔康观看了沃兹的演示说：“这是个好东西。”

乔布斯和沃兹喜形于色。

可是奥尔康话锋一转：“不过，我们雅达利正研制家庭版‘乒乓’游戏机，计划年产量15万套，忙得不亦乐乎，实在无暇投资搞其他产品。抱歉啦！”

乔布斯和沃兹铩羽而归，但他们并不灰心。

他们决定去找沃兹的东家惠普公司。这次是沃兹带着乔布斯，一起去见惠普公司计算器部门的经理迪克森。

乔布斯先和经理套近乎：“我13岁时来惠普打过工，对惠普印象挺深的。”

他说的“印象挺深”显然是指油炸圈饼。

“呵呵，欢迎你再次光临惠普。”迪克森看得出来，乔布斯是主角。

沃兹演示了带来的样机，其实就是电脑主板，并对技术原理作了说明。然后乔布斯向迪克森宣传，一个微电脑的时代即将来临，谁先投入微电脑的批量生产，谁就会获取最大的效益。

“惠普是否有意投资，拥有和销售这款产品呢?”乔布斯问。

迪克森被说动了，显得激情澎湃。不过惠普是一家大公司，犹如一艘航空母舰，要它改变航向不是轻而易举的事。迪克森的上司并不认同迪克森的意见。

乔布斯获知后，打电话给迪克森上司的上司——惠普的老板威廉·休特利，恳请他定夺。这是他第二次打电话给这位电子巨头。于是，休特利指示惠普公司的律师召集各部门的负责人，征求他们对沃兹样机的意见。

“你们是否对这样的电脑感兴趣：能运行 BASIC 语言，用电视屏做显示器，售价 800 美元?”

结果，所有的人都说不感兴趣。“这台机器看起来就像玩具！”“惠普的客户怎么会花钱买这种不起眼的小东西呢?”

就这样，惠普公司错失了引领个人电脑革命的机会。

乔布斯和沃兹只好自己干了。为了筹集开办公司的资金，沃兹忍痛卖掉了心爱的惠普 65 型计算器，他起初的要价是 500 美元，最后只卖了 250 美元。乔布斯卖掉了自己的红白两色大众车，他运气不错，卖了 1500 美元。不过车卖出去才几天，买主就找上门来说车的引擎有毛病，老抛锚。乔布斯同意支付一半的修理费，退还买主 450 美元，才算了结。

这样一来，他们手头有了1300美元的启动资金。

一切就绪，给公司取个什么名字呢？乔布斯和沃兹绞尽脑汁，想了好几个名字，诸如“矩阵”“新科”“个人电脑”一类，但总觉得比较一般。一天，乔布斯和沃兹开车去帕洛阿尔托。汽车行驶在85号公路上，乔布斯灵感忽至，对沃兹说:“我想到一个好名字——苹果电脑公司。”

“苹果电脑!”沃兹两眼一亮,“这名字好。不过甲壳虫乐队的唱片公司也叫苹果，会不会重名哦?”

甲壳虫乐队当时风靡一时，沃兹和乔布斯都喜欢。

“没问题。甲壳虫是乐队，我们是电脑公司，两码事。”

乔布斯说他刚从俄勒冈州一个农场回来，在那里吃了几天苹果，所以来了灵感。也许他还想到了牛顿，一个苹果掉在牛顿的头上，竟让23岁的牛顿想到万有引力定律。这苹果够神的！乔布斯说，取名苹果（Apple）公司还有一个好处，在电话簿上可以排在雅达利（Atari）公司的前面。当时他的雄心不算太大，只希望超过自己的老东家。沃兹听后极力赞成。于是，“苹果电脑公司”的名字就这样诞生了。

“苹果”听起来亲切又生活化，它和电脑组合在一起，可以产生一种微妙的寓意和奇特的亲和力，正好适合个人电脑大众化的定位和潮流。

1976年4月1日，苹果电脑公司正式成立。21岁的乔布斯和26岁的沃兹签署了合作协议。第三方合伙人名叫罗纳德·韦恩，是乔布斯在雅达利公司的朋友，40岁。韦恩为人热情沉稳，自己办过公司，懂得法律程序和商务流程。乔布斯请他来帮忙，他爽快地答应了。三人商议了公司成立的原则，由韦恩起草《合作协议》。根据这份协议书，苹果电脑公司两位创始人乔布斯和沃兹各占45%的股份，合伙人韦恩占10%的股份。协议还规定，任何超过100美元的开支，必须得到至少两名合伙人的同意。

4月1日晚上，三人在韦恩位于山景城的公寓签署了这份协议。苹果公司宣告诞生！乔布斯和沃兹喜笑颜开，击掌为盟。当时他俩谁也没有料到这家以1300美元为资本的公司前景会有那么辉煌，甚至要改变个人电脑的历史。他们只是怀着一股创业的冲动，想闯荡一番。

韦恩对公司的前途也心中无底，纯属客串性质。不过他很快写出苹果Ⅰ的使用说明书，并设计了苹果的徽标，印在说明书封面上。这是一幅富有铜版画风格的图标：牛顿坐在一棵苹果树下，四周缠绕的缎带上印着“苹果电脑公司”的字样。图标的边框还印了一句诗人华兹华斯的小诗：“牛顿：一个孤独的灵魂，永远在惊涛骇浪的思想海洋上遨游。”也许韦恩想借此诠释苹果公司的创新

苹果公司早期的徽标

理念。

这个徽标的缺点是过于细腻，显得繁琐了。它只使用了一年，就被别具一格的“咬掉一口的苹果”替代——后者显然更简洁、鲜明，令人过目不忘。

车库里飞出凤凰

CHUANGLIPINGGUO

公司成立后，乔布斯考虑的第一件事就是如何拿到苹果电脑的订单。他四处奔走，寻找产品的客户。有人告诉他，家酿电脑俱乐部的成员保罗·特雷尔在山景城开了一家电脑零售店——字节商店。乔布斯立即赶到山景城，拜访这位电脑发烧友。

“老兄这个店，用二进制的字节命名，很有寓意啊！”他打量了一下店面，恭维对方。

特雷尔听后满面春风，问他来山景城有何贵干。

“去年在俱乐部，你看过沃兹设计的电脑，还记得吗？”

“记得，挺棒的！有键盘，接上屏幕就能用。”

“我们现在准备批量生产。”乔布斯竭力鼓吹说，“正在各地物色经销商。”

“是吗？多少钱一台？”特雷尔很感兴趣。

“你是这方面的行家，你觉得呢？”乔布斯试探道。

“和牛郎星 8800 一样，397 美元如何？”

“哦！这……不行。”乔布斯的心脏一阵猛跳，但他按捺住兴奋，“我们的电脑比牛郎星8800更实用，也更漂亮。”

“这样吧，我可以包销50台，每台付给你们500美元，怎么样？”

乔布斯一听，激动得差点昏过去。50台的订单，每台售价500美元，总值25000美元。这可是一笔大生意啊！简直是天上掉下来一个大馅饼！

乔布斯尽力平静地说：“这个价钱很公道。”

但是特雷尔附加了一个条件：这50台电脑必须是整机，不是电脑主板。乔布斯拍着胸口说没问题，并马上和特雷尔签订了包销合同。

走出字节商店，乔布斯第一件事就是打电话告诉沃兹这个天大的喜讯。沃兹当时就被震惊了。他后来回忆说：“我永远都忘不了那一刻……那是我们公司创业史上最大的一件事，以后再也没有遇到过这么出人意料的事！”

50台电脑，大约需要15000美元的零部件，这是一大笔钱。乔布斯口袋里揣着订单，跑遍了整个硅谷筹款，他得到的回答是：“苹果电脑公司？没听说过。”“一个邋遢的年轻人，谁信得过他哟！”乔布斯碰壁而归，又去找银行贷款，也遭到拒绝。后来，家园高中的一个同学出于友情支持，说服老爸借给他们5000美元。这让乔布斯很感动，但这些钱还不够买零部件。

乔布斯又找到一家元器件供应商鲍伯先生，说自己和字节商店签了 50 台电脑的供货合同，并提出以先供货后付款的方式购买大批量的零部件。鲍伯对这个瘦小的年轻人印象不错，但觉得他口气太大。看了乔布斯出示的合同后，他仍半信半疑："我会找那位特雷尔先生，核实这份合同是不是真的。"

乔布斯拿起桌上的电话，递给鲍伯说："你现在就可以打电话给他。"

鲍伯拨通电话，对方说特雷尔正在开会。乔布斯要求鲍伯继续打，鲍伯又打过去，特雷尔还是在开会。等了一阵，鲍伯终于和特雷尔通上话了。

"有个年轻人来到我店里，手里拿着一张字节商店的订单，这是真的吗？"

"哦，他是乔布斯。订单是真的。"

于是，鲍伯放心了。他和乔布斯达成协议，先期向苹果公司提供 15000 美元的零部件，但货款需在 30 天后支付。这意味着，乔布斯必须在 30 天内向特雷尔交付 50 台电脑，然后用卖电脑的钱支付零部件费用。可是要完成 50 台电脑，30 天的时间实在太紧迫了。时间就是金钱！乔布斯没有第二个选择，只有全力以赴，甚至是孤注一掷了。

保守的韦恩感到乔布斯的决定太冒险了。苹果是一家合伙人公司，如果发生债务危机，三个合伙人都要承担赔偿责任。而三人当中，乔布斯和沃兹都身无分文，只有韦恩有钱，他担心到时债权人会找他讨债。韦恩有过办公司失败的教训，思前想后，4 月 12 日他决定退出苹果公司——这时距

“苹果”成立还不到两个星期。

乔布斯对韦恩的决定表示理解，他们签了一份修订协议，确定“韦恩不再以合伙人身份参与公司运作”。韦恩得到 800 美元现金，作为公司回购 10%股权的代价。谁也没有料到，仅仅五年后苹果公司上市，乔布斯和沃兹在一夜之间成为亿万富豪，10%股权的股票当天价值 1.78 亿美元！20 年后，有记者采访韦恩，问他当时退出苹果后不后悔？韦恩回答说:“我不曾感到有任何遗憾，我作了当时对我来说最好的决定。他们两个都是疯狂的家伙，我知道自己的承受力，我不准备冒那样的险。”话虽这么说，却难掩他错失“金苹果”的遗憾。

韦恩的退出并未影响公司的运作，接下来，整个苹果公司进入了一级战备。所谓整个公司也不过三个人：两个老板乔布斯、沃兹，加上不久后前来帮忙的丹·科特基。丹·科特基从印度回来后，一直在纽约哥伦比亚大学读书。乔布斯打电话给他，说接了一单生产 50 台电脑的大订单，十万火急，邀请他参加创业。他说:“任何方式的帮忙都行。” 丹·科特基很仗义，书也不读了，卷起铺盖卷就赶来，成了苹果公司的员工。他的任务是负责电脑装配，包括检查电路板焊接、开机联上键盘和电视显示器、检验电脑运行是否正常，每小时工资 3.25 美元（两个老板乔布斯和沃兹是没有工资的）。

为了确保 30 天内完成 50 台电脑的组装，乔布斯进行了全家总动员。

父母在克莱斯特路 11161 号的家成了生产基地。妹妹帕蒂把卧室腾出来摆放元器件，厨房里也堆满了。母亲克拉拉负责文书和记账，帕蒂帮忙把芯片插入主板。起初组装工作在帕蒂的卧室里进行，后来移到了客厅，但还是显得很挤。父亲保罗索性停止了修理汽车的副业，把车库让出来组装电脑。他在车库里摆了一张长长的工作台，墙上挂着电脑组装图，还装了一排抽屉摆放元件，抽屉上贴着标签，一切都显得井然有序。车库变成了组装车间，在这里装配出一台台名副其实的“家酿电脑”。他们因此缔造了在车库里创造苹果电脑的奇迹。家里唯一的一台电视机，也成了检测电脑的显示屏，搞得保罗连最喜欢看的橄榄球联赛都放弃了。到决赛那天，保罗实在忍不住了，对儿子说：“我得借用一下电视机，就 90 分钟。”

1996 年乔布斯回到故居(苹果 I 就是在这个车库里组装的)

"干吗呀？"乔布斯问。

"你爸要看橄榄球决赛。"沃兹说。

"好吧。"乔布斯搔搔头，答应了。

于是，老爸捧着电视到客厅里兴高采烈地看那场决赛。乔布斯和沃兹则坐在屋前的草坪上，难得小憩片刻，他们弹起吉他，哼唱着鲍勃·迪伦的曲子：

一个男人要走多少条路，
才能将其称作男人？
一只白鸽要飞越多少海洋，
才能在沙滩上入眠？
大炮要射出多少炮弹，
才会被永久封存？
朋友，答案在风中飘荡，
答案在风中飘荡！
……

时间一天天迫近，乔布斯和沃兹忙得不亦乐乎。终于，第一批的 12 台电脑组装完成，经沃兹严格检测合格后，乔布斯开车把它们送到山景城的字节商店。

特雷尔看见乔布斯送来的都是裸机，没有外壳，没有键盘，也没有显示器，看上去就像是 12 只拔毛开膛的肉鸡。

"我们说好的是电脑，怎么只是主板？"他感到惊讶。

“这就是电脑呀！”乔布斯认定这是12只凤凰，“顾客只需配上键盘，插在电视机上，就能操作自如啦。而且，只有我们苹果电脑才有这种创新功能，连牛郎星都望尘莫及。”

“总得配个外壳吧！这像啥？”特雷尔哭笑不得，但还是作了让步。

“你放心，客户肯定会喜欢的。”乔布斯笑容可掬地说。

特雷尔被说服了，同意收货付款，给乔布斯开了一张6000美元的支票。乔布斯回到克莱斯特路11161号，把支票展示给大家看，众人一片欢呼。

余下的38台电脑，在最后的时限也如期完成。和字节商店的这笔生意，苹果公司收入25000美元。乔布斯不仅按时付清了鲍伯的15000美元零部件费，扣除其他开销，还盈利8000美元。

特雷尔也没有失望，苹果Ⅰ电脑在字节商店销售得很好，特别受年轻电脑发烧友欢迎，都称赞苹果Ⅰ是真正的第一台个人电脑。这款纯手工打造的产品，包括一块印刷电路主板、一些周边配件和一本16页的说明书，用户只需要搭配电源、键盘和一台便宜的显示器，就能随心所欲地进行人机对话。这确实是牛郎星8800所望尘莫及的。

刚问世的苹果电脑公司打了一个漂亮仗。

车库里终于飞出了凤凰！

一鸣惊人

YIMINGJINGREN

改变世界的梦想

YIMINGJINGREN

苹果 I 电脑旗开得胜，使乔布斯和沃兹备受鼓舞。他们在仓库里继续手工打造，很快又制造了 50 台电脑，交给湾区其他一些电脑商店销售。为了改善裸机形象，按照销售商的要求他们给电脑加了个木壳子，这样看上去就不那么单薄简陋了。

乔布斯和沃兹把第二批产品的批发价上浮了 30%，从 500 美元提高到 666.66 美元。沃兹很喜欢这个重复数字，他选的“打电话听笑话”的服务号码，就是 255–6666。但他们

乔布斯和沃兹一起展示苹果 I

并不知道,"666" 在《圣经·启示录》里是魔鬼的数字，所以很多人认为不吉利，甚至有人打来电话表示抗议。不过，抗议归抗议，买电脑的人仍然络绎不绝，苹果 I 因此名声大噪。

苹果 I 总共生产了 200 台，一直销售到 1977 年 8 月。同年 4 月，苹果 I 的换代产品苹果Ⅱ首次亮相，并于 6 月开始销售。苹果电脑公司于 1977 年 10 月将苹果 I 从价目表上删除，象征着其完成了历史使命。

有人统计，直到 2008 年，大约还有 30~50 台苹果 I 尚存，因此它成为非常罕见的收藏品，是收藏家的最爱。据美国媒体《数字趋势》2010 年 11 月 25 日报道：苹果公司 34 年前生产的第一台个人计算机苹果 I 日前在伦敦公开拍卖，最终以 21 万美元成交，由一名意大利富商博里奥尼拍得。拍品随机附上了原装的包装盒和配件，还有苹果公司创办人乔布斯的一封亲笔签名信。

苹果 I 虽然产量有限，但作为苹果电脑公司生产的第一台个人电脑，如同在拍卖现场佳士得（christie's）拍卖师威尔逊所说:"它是 iPod、iPad 和 iPhone 的始祖，也是家用电脑的始祖，因此在 IT 史上具有划时代的意义。"

21 岁的乔布斯和 26 岁的沃兹，一个营销天才，一个技术天才，两人联手创造了电脑史上的奇迹。

沃兹的理想是做一个伟大的工程师。乔布斯的理想是要改变世界，他有句名言在日后广为流传:"活着就是为了改变世界，难道还有其他原因吗?" 也许这话是他后来说的，但这个意识在当时就已经萌生了。据他的朋友丹·科特基说，苹果Ⅰ获得成功后，乔布斯简直像换了一个人，全身都装上了马达。当初那个过着闲散日子的人，如今俨然成了干练的征服者、魅力十足的雄辩家，时刻都表现出强烈的创新意识。他前进的步伐就像受到了某种神圣的指引。“当然这些不是出于对金钱的贪婪，而是一种激情，或者说是一种改变和影响世界的欲望。”

乔布斯要实现自己的“野心”：利用微电子技术改变世界。沃兹却平和地说:“我只想设计出最棒的电脑。”乔布斯告诉他:“设计电脑就是设计世界!”

“嗨，这话我赞成!”也就是这句话让沃兹开了窍。

这位被业内人士称为“巫师”的天才，在苹果Ⅰ问世后不久，就开始设计更先进的苹果Ⅱ。这时，沃兹还是惠普公司的员工，白天要在公司上班，晚上下班一回到家里就埋头捣鼓苹果Ⅱ。新婚不久的妻子爱丽丝对此颇有怨言，但沃兹只是歉然一笑，又坠入对电脑设计的痴迷中。爱丽丝忍受不了被冷落的滋味，结果这段婚姻后来只维持了17个月。

1976年秋天，沃兹终于在厨房里设计出了苹果Ⅱ电脑的原型机。

根据市场反馈的信息表明，苹果Ⅰ电脑主要受电脑发烧友的追捧，他们买回去之后，自己配置电源、键盘和显示器就能使用，感觉价廉物值。但是，普通用户并不喜欢裸机，他们更希望电脑是整机，买回来就能使用。苹果Ⅱ的设计思路完全满足了大众用户的这种需求。按照沃兹的设计，它有漂亮的机壳、完整的系统，包括处理器、内存、软盘驱动器、键盘、扬声器、彩色显示电路、电源等，全都集成在主机里，用户只需联上一台彩色显示器或电视机，就可以开始工作。苹果Ⅱ在技术上非常优越，它的各项指标不仅比苹果Ⅰ有大幅提升，而且还增加了包括彩色显示、打游戏等全新的功能，界面也更加人性化，这在当时是独一无二的。

乔布斯预感到苹果Ⅱ的市场潜力，雄心勃勃，想让这款新电脑成为最畅销的产品。但是要大批量生产，包括形象宣传和产品促销，需要一大笔资金，苹果公司的财力远远不够。

于是，乔布斯又开始新一轮疯狂地寻找投资。他还动员

乔布斯和沃兹在苹果Ⅱ前工作

沃兹出马，两人一起出动，默契配合，沃兹介绍新产品的技术优势，乔布斯则鼓吹新产品将引领一场微电脑的革命，会给投资商带来丰厚的利润。

他们不辞辛劳，四处奔波，但收效却不大。主要原因是微电脑业当时刚刚起步，一般人还看不到它的前景。乔布斯曾全力游说一家电脑连锁店的老板，以 10 万美元换取苹果公司 10%的股份。这位大亨看了沃兹的演示后，并没有特别感兴趣。另一个原因，就是乔布斯和沃兹的嬉皮士风格让对方看不顺眼，因此信用度大打折扣。当时 IT 产业的白领精英，都是西装革履，脖子上系着领带。而乔布斯却穿着牛仔裤，留着长发和络腮胡，脚上趿着拖鞋，一副颓废派艺术家的形象。沃兹的打扮也差不多，只是矮胖一点，口舌笨些罢了。两人看上去，就像是现代版的堂吉诃德和桑丘，要向全硅谷的风车宣战。

这天，乔布斯再次来到雅达利公司，想向老东家融资。那天奥尔康总监正好不在，一位新上任的高管看见乔布斯的模样，竟粗暴地说："请把你的脏脚抬出我的办公室，我们对你的机器根本没有兴趣!"

雅达利的老板布什内尔知道这件事后，觉得过意不去，亲自接见了乔布斯，询问了具体情况。

乔布斯开口就说："我有一种能创造 1000 万利润的产品要推荐给雅达利公司。"

布什内尔笑道："噢，那我就成亿万富豪了，哪有这种便宜事啊！你小子肯定是鬼迷心窍了。”

乔布斯向布什内尔推销了一阵苹果Ⅱ的理念，但最终还是没能说服他。布什内尔后来对记者说:“现在想起来，雅达利公司的确放弃了大大超过1000万的买卖。但是在1976年，谁能料到微电脑会演变成今天这种大气候呢?”

不过，布什内尔把乔布斯介绍给一位风险投资商唐·瓦伦丁。这位财神在1972年创立了红衫基金风险投资公司，是雅达利的金主之一。

瓦伦丁先生听说有两个前途无量的电脑奇才正在创业，需要风险投资，于是就在电话里与乔布斯约好，要去“苹果公司总部”克莱斯特路11161号考察。瓦伦丁开着一辆豪华的奔驰车停在门口，乔布斯出来迎接他。瓦伦丁一看乔布斯不修边幅的模样，十分反感，转身就离去了。他后来向布什内尔抱怨说:“你怎么给我推荐了一个上帝抛弃的人？我一分钱也不会投给这个衣衫褴褛、离经叛道的家伙。”

乔布斯又打电话给布什内尔，请求他务必再帮帮忙。布什内尔念在老东家的情分上，给乔布斯另外介绍了三个人，其中一个名叫迈克·马库拉。

这位马库拉是英特尔公司的前销售经理，34岁，个子不高，长相颇像当时即将上任的卡特总统，一副谦谦君子的模样。他外表虽然温和，但却是一位强势的管理人才。他有南加州大学电气工程的硕士学位，曾在美国休斯公司搞技术工作，曾担任过仙童半导体公司的营销总监，后来任职英特尔公司，具有丰富的营销经验。乔布斯联络马库拉时，他已经是硅谷知名的百万富豪了。

马库拉答应面谈投资之事。他开着一辆金色敞篷克尔维特牌汽车来到克莱斯特路 11161 号，受到乔布斯和沃兹的殷勤接待。两人带他参观了车库里的生产现场，沃兹演示了苹果Ⅱ的样机。马库拉没有表态，但看得很专注。乔布斯身上的创新激情和沃兹的设计能力都给他留下了深刻的印象。他并不在意两个人嬉皮士的穿着打扮如何另类，他看中的是沃兹的微电脑。

"我们非常希望先生能来投资，不知您意下如何?"乔布斯试探地问道。

"恕我直言，"马库拉不客气地说，"苹果公司就像一间作坊，管理还是业余水平。"

马库拉一语击中要害，乔布斯心头一沉，但没露声色，心想这个马库拉不仅有钱，眼光也很犀利。

"坦白地说，我们真的是三流的经营者，就像手艺人。"沃兹实话实说。

马库拉盯着这两个年轻的"苹果老板"，接着说了一句："不过，我很看好苹果电脑，相信它的前景不可估量。"

马库拉是有备而来的。他事先在 10 家电子商店对苹果Ⅰ作过市场调查，确信这种创新产品可能给全世界的电脑带来革命性的变化。他大胆预测，10 年内苹果电脑的销售目标可以达到 5 亿美元。

乔布斯和沃兹顿时喜形于色。

“先生是说，您愿意投资？”乔布斯问道。

“是的，但我有个条件。” 马库拉回答。

“什么条件？您请讲。”

“沃兹必须辞掉惠普的职务，全职投入苹果的工作。”

“嘿嘿，有这个必要吗？设计电脑只是我的业余爱好。”沃兹有点抵触，不愿意全职投入苹果。因为他对惠普很忠心，惠普是他心目中的科技圣地，而且工资优厚。

“这个没问题。”乔布斯替沃兹打保票。之后，他给沃兹做了大量工作，承诺沃兹来苹果后，不用操心公司的管理事务，只做他喜欢的技术开发，而且工资也与惠普相当。乔布斯就这样软磨硬泡，还说动了沃兹的父母亲，颇费了一番工夫，沃兹总算答应了入伙。

“接下来，咱们就可以商谈如何合作了。”马库拉说。

三个人拟定了一份正式的商业计划书，由马库拉承担融资的工作。马库拉个人投资了 9.2 万美元，并由他担保和乔布斯联合签署了 25 万美元的美洲银行贷款。乔布斯很钦佩马库拉敢于承担风险的行为，当时他甚至想，如果公司运作不顺，马库拉也许再也见不到自己的 9.2 万美元了。

1977 年 1 月 3 日，苹果电脑公司改制，正式注册成为“苹果电脑有限公司”。这一天，乔布斯、沃兹和马库拉三人聚集在马库拉家的游泳池旁，签署了正式文件。马库拉以平等合伙人的身份正式加盟苹果公司，并出任董事长，乔布斯任副董事长，沃兹任研发副总裁。他们三人各占公司26%的股份，成为公司的三个大股东。剩下的股份保留，用来吸引未来投资者。后来马库拉又从其他渠道筹集到69万美元的风险资金。

100万美元的资本，足以支持苹果的腾飞了！

"三驾马车"

YIMINGJINGREN

一个成熟的经理人及投资者，加上两个初出茅庐创业的笨小子，组成了一套"三驾马车"，带领着苹果公司奔上了IT业的康庄大道。

马库拉的加盟对苹果公司的腾飞起到至关重要的作用。他的功劳主要表现在三个方面：一是解决了融资问题，这是公司启动和发展的前提；二是引入了现代企业的管理机制，以确保苹果公司运作的成功；三是确定了苹果的发展目标。马库拉大胆预测："两年之后我们就会成为《财富》500强公司之一。这是一个产业的萌芽，10年才会诞生一个。"虽然他预测的两年是快了一些，但事实证明了他的眼光。苹果公司用了7年时间，终于跻身于《财富》500强。

马库拉的经营理念在许多地方和乔布斯不谋而合。沃兹一直把苹果电脑想成是电脑爱好者用来工作和玩游戏的工具。但马库拉对苹果电脑的市场定位，却是进入普通家庭，也就是大众电子产品，这和乔布斯的理想是一致的。马库拉还强调说："你永远都不要怀着赚钱的目的去创办一家公司，你的目标应该是生产让你自己信得过的产品，创办一家生命力很强的公司。"乔布斯也很赞同这个观点。

沃兹对马库拉的印象不错，他对这位董事长的评价是："我觉得他是世界上最好的人。更棒的是，他真的很喜欢我们的产品。"

苹果公司很快就搬进了新的办公楼，地址选在库比蒂诺的史蒂文溪大道。这里是黄金地段，距离乔布斯和沃兹就读的家园高中不到 2 千米。从这天起，苹果公司就告别了"家酿作坊"，融入硅谷 IT 产业的行列。

乔布斯和马库拉

硅谷人惊讶地发现，没有多久苹果就一鸣惊人，一飞冲天了。

马库拉觉得乔布斯太年轻，经验不足，又爱发号施令。因此为了规范和强化公司的管理，2月，马库拉推荐32岁的迈克·斯科特出任苹果公司的首任CEO（首席执行官，又称行政总裁）。迈克·斯科特是国家半导体公司的主管，和马库拉在仙童公司共过事，两人同名（迈克）又同一天生日，交情不错。马库拉在生日午宴上邀请斯科特加盟苹果公司，斯科特欣然同意。最后确定，斯科特的年薪为20001美元，比三个合伙人的年薪多1美元。但明确了公司的决策权归乔布斯、沃兹和马库拉所有。

沃兹幽默地说，这样一来，苹果公司就有了“两个史蒂夫”（乔布斯、沃兹）和“两个迈克”（马库拉、斯科特）。这也许是巧合，但事后的发展表明这未必是最佳组合。沃兹对斯科特倒没有什么意见，但乔布斯并不欢迎斯科特，他担心自己因此而失去控制权。他开始曾表示反对聘用斯科特，在马库拉的坚持下才很不情愿地同意了。乔布斯后来对传记作家沃尔特·艾萨克森说：“我当时才22岁，我知道自己还没有作好准备去管理一家真正的公司，但苹果是我的孩子，我不想放弃它。”

四个轮子的车跑得可能快些，但“三驾马车”的平衡却发生了微妙的变化。

马库拉请斯科特来的意图之一，就是要管束乔布斯，这叫一物降一物。斯科特身材魁梧，是个胖子，有点威严感。他的管理作风雷厉风行，而且不会屈服于他人的意志。斯科特上任后，第一次和乔布斯散步，就告诫他要经常洗澡，乔布斯不好拂他的面子，就答应考虑这个建议。但作为交换条件，他希望斯科特学着吃素食，这样可以减肥，斯科特自然也答应了。不过到最后，乔布斯在个人卫生方面改进不大，能坚持每周洗一次澡就不错了，斯科特也始终没有学会吃素食。

接着，在员工编号时又发生了一段小插曲。斯科特把“1号”给了沃兹，给乔布斯的是“2号”，马库拉排在第“3号”，斯科特本人是“7号”(因为他喜欢詹姆斯·邦德007)。乔布斯提出自己应该是“1号”。平心而论，乔布斯的要求并不过分，因为他是苹果的创始人兼副董事长，职位确实比研发副总裁高。但斯科特执意不答应，就是要挫挫这位22岁创始人自负的锐气。乔布斯无可奈何，提出了一个解决方案：他排在“0号”，斯科特这才妥协。不过这只是象征性的，因为美国银行的工资系统要求员工的编号必须是正整数，乔布斯还是“2号”。

苹果公司最早的10名员工编号如下:1号史蒂夫·沃兹，2号史蒂夫·乔布斯，3号迈克·马库拉，4号比尔·费南德斯（乔布斯的同学，又是沃兹的朋友和邻居，当初就是他介绍乔布斯和沃兹认识的），5号罗·霍尔特（电源设计师），6号兰迪·威金顿（年轻程序员），7号迈克·斯科特，8号克里斯·埃斯皮诺萨（年轻程序员），9号雪莉·利文斯顿（秘书），10 号盖里·马丁（会计）。据说，这个名单是多年后一家商业杂志根据沃兹的回忆整理的。细心的读者也许会发现，乔布斯的朋友丹·科特基不在其中。他帮忙搞完苹果Ⅰ的组装后，又忙于其他事情。1977 年 6 月，他拿到哥伦比亚大学的文凭后回到库比蒂诺，成为苹果公司的第 12 号员工。

拥有了资金和新的设计方案后，苹果Ⅱ呼之欲出，但它还缺一个漂亮的标志。

苹果Ⅰ使用的徽标，是韦恩设计的“牛顿在树下”图案。乔布斯觉得这个徽标过于书卷气，不够简洁明快，缺乏现代感。他深知，徽标是公司的代表符号，也是一个企业的形象，要打响苹果公司，就必须有一个漂亮醒目、让人过目不忘的品牌标志。

1976 年冬天，乔布斯就与麦肯纳广告公司联系，想请他们为苹果Ⅱ设计新徽标。这家广告公司曾为英特尔公司打造过成功的广告，因此名声很响，门槛也颇高。公司的老总里吉斯·麦肯纳是一位营销大师，起初对苹果公司根本没有看上眼。乔布斯打电话过去，每次秘书都回答说:“麦肯纳先生很忙。”

乔布斯不肯罢休，一连打了几个星期的电话，麦肯纳终于同意见他一面，但只给他 15 分钟的时间。乔布斯来到麦肯纳装修雅致的办公室，36 岁的麦肯纳坐在大办公桌后面，穿着时髦，温文尔雅。在他的背后，挂着他引以为自豪的英特尔的广告照片。乔布斯说明来意，想请麦肯纳为苹果公司设计新徽标。麦肯纳随意问了问苹果Ⅱ的情况，又听乔布斯说明了意图。他始终面带微笑，最后还是不客气地说："我们麦肯纳广告公司，收费标准很高哦！"

乔布斯回答说："这个您放心，我们正在积极融资。"

"那好，祝你们融资成功。" 麦肯纳说了句客气话，压根儿没有把乔布斯的话放在心上。可是他没想到，这个穿着破洞牛仔裤的年轻人，居然在两个月后找到了风险资金。所以，在 1977 年 1 月乔布斯再次和麦肯纳联系时，麦肯纳对苹果公司有点刮目相看了。

这一次，是乔布斯和沃兹一起去见麦肯纳的。乔布斯手中有了足够的广告费，底气足了，说话也胸有成竹。麦肯纳问他："我想了解一下，史蒂夫先生对苹果Ⅱ的广告有什么期待？"

"我期望苹果Ⅱ刮起一场个人电脑的风暴，成为时代的一个新路标，具有里程碑式的意义。" 乔布斯说。

麦肯纳微微点头，他很欣赏乔布斯对苹果品牌的定位。

"你对新徽标的风格有什么想法吗？" 他再问。

"我希望苹果Ⅱ的徽标活泼有趣，" 乔布斯解释说，"要和 IBM 产品冰冷笨重的形象形成强烈的反差。" IBM（国际商用机器公司）是美国最大的电脑公司，徽标为深蓝色的 "IBM" 字母，素有 "蓝色巨人" 之称。

"很好。" 麦肯纳说，"有产品的文字介绍吗？"

乔布斯叫沃兹递给他几页关于苹果Ⅱ的介绍。麦肯纳晃了一眼说："技术的内容太多了，应该增加一些突出品牌的宣传语。"

沃兹听后颇为不满，气咻咻地说：“我不需要公关人员来改我的文章。”

麦肯纳没料到愣头愣脑的沃兹会不高兴，回敬了他一句：“那你们来找我麦肯纳干什么！”

乔布斯赶紧笑着打圆场。

“沃兹的意思并不是想否认广告语，广告语太重要了！这正是我们要仰仗麦肯纳公司的原因。”

麦肯纳被乔布斯的诚意打动了。

“那好吧，我同意接你们的业务。”

“太好啦！合作愉快。”乔布斯紧紧握住了麦肯纳的手。

事后的进展表明，苹果和麦肯纳的联手是 IT 史上一次经典的合作。

很快，麦肯纳公司设计出苹果的新徽标，这是一个被咬去一口的苹果。它的创意很新鲜，也很独特：一种熟悉的水果让人有回归自然的亲切感，苹果被咬去一口象征人们经不起诱惑，透着偷一口鲜的谐趣。整个徽标的线条简洁，形象鲜明活泼，让人过目不忘。徽标初稿是黑白两色的，在乔布斯的要求下改成了绿、黄、橙、红、紫、蓝 6 色水平横条，用以彰显苹果Ⅱ出色的彩色处理能力。这就是世界上最为著名

苹果徽标

的苹果徽标。斯科特说："它是有史以来设计费最昂贵的徽标。"

新徽标给苹果公司的员工带来了惊喜，大家都很喜欢。

苹果公司后来的一位高管评价说："最神秘的就是我们的徽标，它是活力和知识的象征，彩色横条颜色的顺序与彩虹的顺序不同。这个徽标再恰当不过了，它象征着活力、知识、希望和无拘无束。"

麦肯纳在苹果宣传册的顶端特意印了一句格言："至繁归于至简。"

据说这句话出自爱因斯坦之口，也有人说是达·芬奇的名言，但这两种说法都没有找到出处。或许这是乔布斯自己坚持的信念，被麦肯纳心领神会了。中国的哲人老子在《道德经》中倒是说过"大道至简"，意思是最高的道理往往是最简明的。这话更富有哲理性。

乔布斯主张："我们的设计思想就是极致的简约，我们追求的是能让产品达到现代艺术博物馆展出的品质。我们的理念就是一句话：让我们做得简单一点，真正的简单。"

大道至简，至繁归于至简，极致的简约，是相互贯通的，这个思想贯穿着乔布斯一生的岁月，也贯穿在他所有的产品当中。

光彩夺目的苹果Ⅱ

YIMINGJINGREN

乔布斯在库比蒂诺展示苹果Ⅱ

1977年4月17日，苹果Ⅱ在首届西海岸电脑展览会上首次亮相。

这是美国有史以来的第一次电脑展览会，展会地点设在旧金山，会议的组织者杰姆·沃伦是家酿电脑俱乐部的核心会员。乔布斯得到消息时展会的时间已经临近，他立即预订了展位，并动员苹果公司的所有员工日夜奋战，抢在旧金山西海岸电脑展览会开幕前造出了三台苹果Ⅱ的样机。

为了确保苹果Ⅱ电脑闪亮登场，乔布斯对机器的要求一丝不苟，哪怕一个微小的细节也不放过。他还特地请来工业设计师杰里·曼诺克为苹果Ⅱ设计机箱。杰里·曼诺克问乔布斯："你要求的设计风格是什么？"

"首先是一台漂亮的电脑。" 乔布斯说。

"而且是普及型的个人电脑。" 他强调道。

根据对苹果Ⅱ的定位，乔布斯大胆地提出机箱采用塑料材料。之前的电脑用户都是工程师、专家或发烧友，使用的都是厚重冰凉的金属壳子。在这些专业人士眼里，塑料机箱只是玩具，不上档次。但乔布斯认为，苹果Ⅱ是给大众设计的电脑，不能沿用保守的金属机箱或者木质机箱。为了确定机箱用什么塑料材料、选什么颜色，乔布斯跑遍了城里所有的百货商店，考察了各种家用电器的外观设计，最后在一家百货店的厨具区，乔布斯终于找到了理想的样板。这是一台用来榨汁、粉碎的食品料理机，造型漂亮、结实坚固、颜色柔和，特别是塑料外壳有细微的纹理，手感很好。

“没错，就是它啦！”

乔布斯买了一台料理机，交给杰里·曼诺克作设计参考。杰里·曼诺克很快就拿出了设计方案，大家都赞不绝口，沃兹也很喜欢。杰里·曼诺克为苹果Ⅱ设计的米色塑料机箱，外观优雅简洁，前面有五排键盘，正中嵌着彩色的苹果徽标，看上去赏心悦目。这真是漂亮的电脑！而且用户使用也非常方便，机箱的顶盖很容易打开，不用拆卸一个螺钉。这些人性化的考虑，使苹果Ⅱ很具有亲和力。

乔布斯租用了最好的展位，就靠近展览会的门口，租金花了 5000 美金。为了抢占先机，他不惜一掷千金，但这钱花得值。沃兹说：“史蒂夫认为这是我们的重要发布会，我们要让全世界知道，我们有很棒的电脑，苹果是一家很棒的电脑公司。”参观者进入展场，第一眼就能看见苹果醒目的标志。苹果展台围着黑天鹅绒，展台上摆着三台苹果Ⅱ的样机，还有一台宽屏幕投影显示器（也是乔布斯租来的）。在展台的后面整齐地码放着许多包装苹果Ⅱ机器的纸箱，以显示苹果电脑货源充足。当然，参观者并不知道纸箱里面是空的。马库拉特地印了2000份苹果Ⅱ的宣传册，在展览会上散发。

展览会开幕之前，马库拉特地关照大家要穿着体面，举止庄重。马库拉把乔布斯领到旧金山的一家裁缝店，为他定做了一套三件套的西服。这是乔布斯第一次穿西服，衣冠楚楚的，他觉得很不自在。但他明白，为了苹果的整体形象，自己也需要“闪亮登场”。

17日上午10点，展览会正式开始。成千上万名参观者拥到苹果公司的展台前，把展台围得水泄不通，后面的人争先恐后地伸手索要宣传册。首次亮相的苹果Ⅱ电脑，引起了意想不到的轰动。

“这电脑真漂亮啊！”

“哦，名叫苹果Ⅱ！”

参观者都赞不绝口。当天有13000多人参加了展览会，盛况空前。

其他展台的电脑都是笨重的金属机箱，一看就是老气横秋的电子仪器。苹果Ⅱ却是家用电器风格，就像一台漂亮的打字机！许多人都不相信个人电脑可以装进一个塑料机箱里。

西装革履的乔布斯像魔术师一样叫展示员把机箱的上盖

揭开，参观者看见里面的硬件排列整齐而又简洁，非常惊讶。乔布斯介绍说:“苹果Ⅱ采用摩托罗拉 6502 芯片作为中央处理器，整个机器只用了 62 块集成电路芯片，数量仅为同类产品的一半。在主板上还设有 8 个扩充槽及内存插槽，内存最高可扩展到 48KB。”

沃兹那天也穿着西服，打着领带，使尽了浑身解数向参观者展示苹果Ⅱ的功能。宽大的显示屏上变换着各种游戏的彩色图案，让人目瞪口呆。乔布斯不断地把大屏幕扯到一边，用以向参观者证实，后面并没有藏着大型计算机。

沃兹还专门为电脑编了一个幽默程序，参观者只要用键盘输入自己的名字，电脑就会根据姓氏猜出国籍，屏幕上会跳出:“你是意大利人吗？”“你是英国人吗？”参观者若是按下肯定键，屏幕上就会立刻跳出一段该国的笑话，让人忍俊不禁。没想到，沃兹的搞笑杰作竟大受欢迎。这家伙的恶作剧天性不改，如此隆重的展览会，他竟然自掏腰包印了几千份传单，虚拟了一个名叫“扎尔塔（Zaltair）”的产品，广告词是:“一台梦想电脑，本世纪的电脑奇迹！想象一下：一辆赛车五个车轮!”然后吩咐他的两个年轻手下兰迪·威金顿和克里斯·埃斯皮诺萨在展览会上悄悄散发。参观者拿到传单，一头的雾水:“哪有‘五个车轮的赛车’哟?”沃兹则躲在一旁窃笑。连乔布斯都被蒙在鼓里，问沃兹这家公司在哪里。好在这只是大场面里的一个小花絮，对苹果的整体宣传并没有影响。

苹果Ⅱ的零售价定在1298美元，这也是其他电脑所望尘莫及的。

由于完美的设计、创新的性能和普及型的定价，使苹果Ⅱ大受欢迎，在这次展览会上就接到300份订单，这比苹果Ⅰ全年的产量都大。媒体报道说："整个旧金山都轰动了，整个美国西部海岸也轰动了，连IBM都坐不住了，开始打听这家从来没有听说过的、以一个咬了一口的苹果做标志的电脑公司。"

苹果Ⅱ的问世，立即刮起了电脑行业的风暴。在接下来的16年中，各种型号的苹果Ⅱ电脑总共销售了近600万台，成为苹果公司长盛不衰的主打产品。从此，苹果Ⅱ电脑走向学校、机关、企业、商店，走进了普通百姓的家，它为在20世纪后期引领时代潮流的个人电脑铺平了道路。"咬了一口的苹果"标志也因此名声大噪，成为响当当的电脑品牌。IT业界公认：苹果Ⅱ是首批在商业上取得成功的个人电脑，在电脑向家庭和个人普及的过程中具有划时代的意义。苹果Ⅱ是许多人的入门电脑，同时也是一台功能强大的真正的个人电脑。苹果Ⅱ和它内置的BASIC程序为电脑界培养了无数的人才，包括中国的许多电脑爱好者和专业人员都是苹果Ⅱ的受惠者。直至今日，仍有一些苹果Ⅱ电脑还在教室里正常使用。

苹果Ⅱ创造了微电脑历史上的许多第一：第一次使用塑料外壳，第一次自带电源而无需风扇，第一次在主板上带有48K容量，第一次可以玩彩色电子游戏，第一次内置扬声器接口，第一次具有高分辨率图形功能，等等。

苹果Ⅰ和苹果Ⅱ在电脑史上都具有里程碑式的意义，它们都是沃兹独自设计的。这是沃兹的天才杰作，也是他的两个宝贝孩子。沃兹在回忆录《我是沃兹》中曾评价苹果Ⅰ和苹果Ⅱ说："这两款机器都为计算机世界带来了惊人的进步。苹果Ⅰ成为历史上第一台支持键盘和显示器的电脑；苹果Ⅱ则带来了彩色显示、高清晰度的图像和声音，以及支持游戏的控制板。它也是第一台 ROM（只读内存）里安置 BASIC 语言的电脑，启动后就可以使用。"

苹果Ⅱ的诞生和空前成功，也是乔布斯和沃兹这对黄金搭档的伟大成果，两个"史蒂夫"缺一不可。这两个电脑怪杰和天才从捣鼓"蓝匣子""打砖墙"一路走来，终于成就了大业。

正如乔布斯的官方传记评价的："沃兹理应得到历史的赞誉，因为是他设计出了苹果Ⅱ令人赞叹的电路板和相关的操作软件，这是 20 世纪最伟大的发明之一。但是，是乔布斯把沃兹的电路板整合成了一台完美的机器，并为它加上了电源和漂亮的机壳，也是他创办了这家依靠沃兹的电脑而迅速崛起的公司。"

我国资深 IT 工程师王咏刚也说："苹果Ⅱ之所以让全世界着迷，细想起来大概有两个原因，一是设计独到，二是市场定位准确。前一个原因要归功于天才工程师沃兹，后一个原因则与乔布斯的独具慧眼密不可分。"

麦肯纳广告公司老总的话更是意味深长，他评价说："沃兹设计出了一台伟大的机器，但如果没有史蒂夫·乔布斯的话，这台机器到今天还只能陈列在业余爱好者的商店里。"

最年轻的亿万富豪

YIMINGJINGREN

苹果Ⅱ的成功，给苹果公司带来了巨大的效益。

苹果公司第一年的赢利就达到250万美元。到1980年，苹果公司的销售额已达到3亿美元，三年增长了700%，苹果公司也因此摘取了"美国工业史上发展最快的公司"的桂冠。1980年12月12日，在马库拉和斯科特的成功运作下，苹果公司在华尔街上市。当天的开盘价为每股22美元，苹果公司的460万公开股不到一小时就被抢购一空，收盘时股价已升至29美元。一夜之间，苹果公司的资产竟飙升到17.78亿美元！金融界称这是历史上新股上市最为轰动的一次，只有1956年福特汽车上市时才出现过这样的盛况。顺便说一句，比尔·盖茨的微软公司比苹果晚5年多才上市，时间是1986年3月13日。

苹果公司的成功上市，给苹果的创始人和投资者带来了巨大的财富。一夜之间，乔布斯个人的资产变成了2.175亿美元，他成了美国最年轻的亿万富豪。

乔布斯自豪地说："当我23岁时，我的财富达到了100

万美元，在我 24 岁时达到了 1000 万美元，在我 25 岁时达到了 1 亿多美元。”

马库拉以 700 万股获得 2.03 亿美元的资产，沃兹以 400 万股获得 1.16 亿美元的资产。沃兹的股权本来和乔布斯一样多，但之前他与爱丽丝办理离婚手续时给了爱丽丝 15%的股权，此外还送了一部分股票给亲朋好友，因此他的资产没有乔布斯多。即便如此，沃兹也轻松地进入了亿万富豪的行列。公司的一些高管也因此得到上千万美元的资产。其中斯科特获得 9550 万美元。

马库拉在加盟苹果公司时曾筹集到 69 万美元的风险资金，后来又陆续吸收了一些风险资金。投资者中包括英特尔公司的股东阿瑟·洛克、洛克菲勒基金会的主席汉克·史密斯，还有那位红衫基金的财神瓦伦丁——他后来看到苹果公司发展迅猛，主动找上门投资，也不嫌乔布斯衣衫不整了。业界流传着一个饶有趣味的逸闻：有一天晚上，马库拉、乔布斯和一个风险投资老板在饭店里吃饭。瓦伦丁无意间看见了，马上猜到他们在谈什么，就叫侍者给他们餐桌送去一瓶红酒，并附上一张便条，上面写道：“请不要忘了我正计划投资苹果。”就这样，瓦伦丁挤进了投资苹果的行列。

这些风险投资的老板此刻都获得了巨额的回报。苹果股票上市的当天晚上，大卫·洛克菲勒邀请苹果的工程师们在家里开庆祝会，大家惊喜地发现，在座的人一夜之间都成了百万富豪。这些新贵们痛饮香槟酒，一夜狂欢。第二天早晨醒来，洛克菲勒发现厕所的墙上竟然贴满了苹果的徽标！

并不是每一个苹果员工都如此欢欣鼓舞。因为有些曾为公司立下汗马功劳的苹果老员工，并没有苹果的股票，苹果上市对他们来说犹如梦中的幻境，一分钱都得不到。这些被冷落的老员工中，有工号为 4 号的比尔·费南德斯。比尔·费南德斯是苹果公司签约的第一个员工，又是乔布斯的同学和朋友，他没有苹果的股票确实有点说不过去。不过公司有规定，技师没有股票，只有工程师才有，据说这是马库拉定下的规矩。比尔·费南德斯对朋友抱怨说:“我感到自己整天像蠢驴一样地工作，不论做多少，最终还是一个技师。”

6 号员工兰迪·威金顿和 8 号员工克里斯·埃斯皮诺萨，也没有从公司获得任何股票期权。他俩是沃兹手下的程序员，刚到苹果公司时都还是中学生。

乔布斯最要好的朋友丹·科特基，曾和乔布斯一起游历印度，在苹果 I 告急时立即赶来帮忙的也是他，后来他成了苹果的 12 号员工，但直到 1980 年，丹·科特基还是个技师。他曾几次向乔布斯提出股票的要求，其实乔布斯一句话就可以解决，他却回答说:“找你的上级主管。” 丹·科特基感到很伤心，他后来找到马库拉和斯科特才得到 2000 股苹果股票。为什么乔布斯对和自己一起创业的手下这么冷漠，很难找到合理的解释。可能因为乔布斯自幼感情曾受到创伤，性格扭曲、喜怒无常；也可能因为他认为自己是苹果的老板，我行我素，一言九鼎；还可能因为他还不到 26 岁，不懂得体恤下属……也许这些都是理由，也许都不是。

乔布斯对待自己女友克里斯安的态度也不近情理。他高中毕业时就和克里斯安相好，后来时聚时散。1977 年夏末，克里斯安怀孕了，乔布斯却与她断绝了关系。翌年 5 月 17 日，克里斯安产下一个女婴。孩子出生几天后乔布斯去看过，给她取名丽莎，此后就不管了。克里斯安向乔布斯提出要 2 万美元的分手费。马库拉知道后，认为这太少，要乔布斯给克里斯安 8 万美元。但乔布斯不同意，他不承认自己是丽莎的生父。

后来，乔布斯同意作亲子鉴定。1979 年 5 月，加州大学洛杉矶分校作出医学鉴定，乔布斯是婴儿生父的可能为 94.41%，但乔布斯仍然不认账。他的反常表现，让许多人不满。也许这其中纠结着被遗弃的情结，他自己当年就是被遗弃的，因此他也要遗弃自己的女儿，连他自己都说不清楚，这究竟是报复还是一种宿命。巧合的是，丽莎出生时乔布斯和克里斯安也是 23 岁——当年他出生时生母生父就是这个年龄！那是难以抚平的伤痕，因为埋得太深，他无处诉说，包括养育了他的养父母，乔布斯不愿伤保罗夫妇的心。他曾暗中雇请私人侦探寻找自己的生母，但一直没有找到。

苹果上市后，乔布斯才同意支付丽莎的生活费，并给丽莎母女买了一套住宅。多年后，乔布斯谈起这段经历时曾内疚地说：“那时候我还没有准备好当一个父亲，所以没有勇敢地面对。”

厚道的沃兹却不一样。在苹果上市之前，他就把自己期权中的股份以极低的价格卖给 40 名中层员工，每人 2000 股。后来，他又慷慨地把自己的部分股份分给几个待遇不公的老员工，其中包括威金顿、埃斯皮诺萨、科特基，还有费南德斯，他们每人因此得到将近 100 万美元的回报。沃兹说："这些员工不仅来得早，而且为公司提供了宝贵的灵感。他们帮助我设计了苹果Ⅰ和苹果Ⅱ电脑，也理应是这个大家庭的一部分。"

快乐的技术天才沃兹

沃兹还送给父母和弟弟、妹妹价值 400 万美元的股票。一些需要帮助的朋友和熟人来找沃兹，他也是有求必应，出手大方。当然，不排除有的是装穷来骗钱的。所以乔布斯批评他说："你把自己的期权分给了那些不应该得到的人，你是无法拒绝他们，但他们很多人都在利用你。”

沃兹的钱多得不知道该怎么花。于是他买了一辆保时捷，选了个特别酷的车牌号：APPLEⅡ（苹果Ⅱ）。有几家刚创业的小公司慕名找上门来，沃兹都爽快地担当了风险投资人，他的投资五花八门。有一天，沃兹在苹果公司上班时宣布：“我昨天买下了一家电影院！”这家电影院坐落在圣何塞市的一个贫民区，正在放映一部黑帮电影。沃兹说：“欢迎大家去看啊，电影票一律奉送。”还有一次，沃兹父亲看见沃兹汽车里散落着一沓没有兑现的支票，总价值竟有 25 万美元。在父亲的建议下，沃兹后来找了一个律师做理财顾问，他的钱财使用才变得理性。

确实有些苹果的高管，在财富面前忘乎所以，失去了自我。有的人买下几栋高级公寓，待价而沽；还有的买了一艘游艇，在一面帆上缝了个硕大的苹果徽标，四处显摆。马库拉本来就是有钱人，懂得享受生活，不属于“暴发户”之列。苹果上市后，马库拉买了一架旧里尔商务喷气式飞机，重新喷漆，再配上立体声音响和苹果Ⅱ电脑，并聘用了两名驾驶员。平时飞机停靠在旧金山机场，每当周末，马库拉就乘着喷气式飞机去加州与内华达州间的太浩湖度假。马库拉曾建议乔布斯也买一架飞机，乔布斯也动过心，但最终还是没有买。因为他觉得那样太招摇了，他宁愿过简单淡泊的生活。

乔布斯说：“我看到苹果公司的一些人，大赚一笔后就觉得自己要过不同的生活了。他们买下劳斯莱斯汽车和许多房子，每所房子都有管家，然后再雇一个人管理所有的管家。他们的妻子去做整形手术，把自己变得怪模怪样的。这不是我想要的生活方式，这太疯狂了。我答应过自己，不会让钱毁了自己的生活。”

乔布斯对财富的看法，一直保持着一种智者的超然，这也许是他多年参禅的结果。乔布斯在一夜暴富之后，生活仍然很简朴。他的住房低调朴实，摆设极为简单。卧室中央摆着一张床垫，墙上挂着爱因斯坦的照片。乔布斯出行从来不带保镖，也没有助理。他买了一辆两座奔驰车，还买了一辆宝马摩托车，这已经算是奢侈了。出门时他都是自己开车。

平心而论，乔布斯并不是个薄情寡义的人。苹果上市后，乔布斯给了父母价值 75 万美元的股票。保罗夫妇卖掉一部分股票，偿还了克莱斯特路 11161 号房子的抵押贷款，改善了生活条件。乔布斯想给父母买一套宽敞的高级住宅，但老两口执意不要。他们过惯了简朴的生活，不愿搬离老房子。这对淳朴的平民夫妇，为自己养育了乔布斯这样的儿子而感到骄傲，他们并不要求回报，这是多么伟大的父爱和母爱啊！两位老人最开心的事，就是每年能乘坐公主号游轮旅游一次。父亲最喜欢穿越巴拿马运河的那条航线，因为当年他从海岸警卫队退役时，就是穿越巴拿马运河驶入旧金山的。乔布斯尽可能地满足父母的愿望。

乔布斯还捐钱给一家印度慈善机构。

1982 年 2 月，乔布斯第一次被《时代》杂志刊登在封面上。他留着修剪整齐的小胡子，穿件红衬衫，头顶着一个苹果，两眼炯炯有神。封面上印着“美国冒险家”的字样。乔布斯俨然成为美国人心目中的英雄和楷模。在封面人物简介中，《时代》杂志记者迈克·莫里茨写道：“6年前，苹果还是窝在乔布斯父母家车库里的小公司，在他的带领下，今年有望实现6亿美元的销售额！这就是乔布斯，他还不满27岁……”

乔布斯被登在《时代》杂志封面上

被逐的英雄

BEIZHUDEYINGXIONG

“海盗”、坠机、“黑色星期三”

BEIZHUDEYINGXIONG

乔布斯不再是那个衣衫褴褛、胡子拉碴、喜欢打赤脚的嬉皮士了，他经常穿着洁白的衬衫和光鲜的西服在杂志上露面，成了美国最年轻的超级富人、企业明星、公众人物和青少年心中的偶像。

突然登上财富和名誉的巅峰，乔布斯初次尝到“高处不胜寒”的滋味。

在《时代》杂志的那篇文章中，迈克·莫里茨披露了乔布斯的一些负面形象，文中写道:“作为一个管理者，乔布斯有时候对待下属脾气暴躁，苛严无情。他自己也承认:‘我得学会控制自己的情绪。’”文章还引用了乔布斯的一位朋友的话:“在苹果Ⅱ的开发中，乔布斯没有做过任何设计工作，哪怕是一块电路板、一条程序。”相反，这位朋友对沃兹却大加赞扬。

朋友的这句话深深刺痛了乔布斯。

乔布斯和沃兹这对黄金搭档，有点像制片人和导演。乔布斯是大制片人，作为一部片子的主宰，他掌控全局，包括确定剧本、导演，直到资金筹集、影片的宣传促销。而沃兹是个才气横溢的大导演，他设计的苹果Ⅰ、苹果Ⅱ，就像希区柯克拍摄的《蝴蝶梦》、黑泽明拍摄的《七武士》，是当之无愧荣获奥斯卡奖的旷世精品。可以说，乔布斯和沃兹这两个“史蒂夫”，两个天才，谁也取代不了对方。如果有一天制片人对导演说“下一部片子我来导吧”，结果会怎么样呢？

乔布斯回想起苹果Ⅲ的一段教训。

苹果公司在推出苹果Ⅱ的同时，也积极筹划开发新产品苹果Ⅲ。苹果Ⅰ和苹果Ⅱ完全由沃兹设计完成，前者导致了苹果公司的诞生，后者给苹果公司带来了滚滚财源，同时这也确立了沃兹在苹果的技术权威地位。乔布斯对此有点艳羡，他想亲自做一回“大导演”，以盖过沃兹的风头。于是，乔布斯争着成为苹果Ⅲ项目的总体负责人。具体负责技术工作的是工程师温代尔·桑德，乔布斯顶多算个“副导演”。沃兹并没有参加苹果Ⅲ的开发。

苹果Ⅲ的定位是一台商务电脑。苹果的市场推广部认为，许多小企业到电脑商场买电脑，既要买苹果Ⅱ，还要买打印机、电子表格程序以及容量更大的存储卡等。如果把这些东西统统集中在一台机器里，销路肯定好。苹果Ⅲ就是在这种思路下被催生的。从一开始，市场推广部的意见就凌驾于设计人员之上。为此，苹果Ⅲ内置了软驱，提高了内存，增加了高性能显卡，售价也因此提高到4340~7800美元。昂贵的价格令很多用户望而却步。

苹果Ⅲ还有一个致命弱点，就是性能极不稳定，很多机器刚开机不久就死机，原因是因为机器过热所致。在产品研发时，乔布斯坚决主张苹果Ⅲ不要嗡嗡作响的风扇，他要求机器安静运行。工程师担心这样机器会过热，乔布斯就要他们用其他办法解决。工程师不得不设计了笨重的金属散热片，结果并没有解决根本问题。苹果Ⅲ在狭小的机箱中挤满了各种电路板，机器运行时底盘无法充分散热，芯片因变热膨胀，就会从插槽中脱落出来，从而造成死机。有的用户甚至发现，把软盘从驱动器中取出时，软盘已经被烤焦了。

苹果Ⅲ于1980年5月面世，苹果公司还特意花费巨资在迪斯尼乐园举行产品发布会。但苹果Ⅲ的致命问题很快就暴露无遗，商店纷纷退货，公司只得采取紧急措施补救。这时苹果公司离上市只有半年时间，幸亏有苹果Ⅱ骄人的业绩才给苹果Ⅲ遮了丑。

沃兹后来一针见血地说："为什么其他产品卖得这么好，而苹果Ⅲ却有那么多问题？那是因为苹果Ⅲ不是由一个工程师或几个工程师合作开发的，而是由一个市场部门开发的。公司里的那些高层管理人员手握大权，决定着钱和其他资源投入的方向，按照自己的想法安排着电脑的模样。"实际上，沃兹是对乔布斯进行了委婉的批评，只是没有点名而已。

苹果Ⅲ的惨败成了乔布斯的心病，不过他当"大导演"的心并没有死。他要向世人证明，他乔布斯也能研发电脑，在苹果公司，不仅有史蒂夫·沃兹这么一个电脑天才，还有一个史蒂夫·乔布斯。

这一次，他终于获得了成功的机会。1981年1月，乔布斯接手了Mac团队，开始大展宏图。

原来在苹果公司里，有4个不显眼的工程师，窝在苹果的老办公楼里研发了一款新产品。有一天，乔布斯在楼里巡视时碰到了这个项目的头头杰夫·拉斯金。

“你们在鼓捣什么玩意呢?”乔布斯问拉斯金。

“我们正在开发一款操作简便的电脑，它使用起来就像烤箱一样简单。” 拉斯金毕恭毕敬地回答。

拉斯金把这款电脑称作“Mcintosh”（译音“莫金塔”），是他喜欢吃的一种红苹果。不过，已有一家音响设备公司用了这个名字，所以在正式命名时，他们在“M”后面加了个“a”，变成了“Macintosh”，译音“麦金塔”，简称Mac。有点搞笑的是，这个名字的词义是“胶布雨衣”，和苹果、烤箱都不搭界。

“用起来就像烤箱一样简单?”乔布斯听后来了兴趣。

“对的，它和‘丽莎’一样，具有同样的图形用户界面，你只要打开它，立刻就能和电脑对话，价格只有1000美元左右。”

“丽莎”电脑是苹果公司正在开发的另一个产品。乔布斯曾亲自参与策划和领导，“丽莎”的名字就是他取的（这是他私生女儿的芳名）。乔布斯在施乐公司的帕洛阿尔托研究中心参观时，看到一种“图形界面”的新技术，用户手握鼠标操作，不仅能点击屏幕上的图标，还能随意拖动它。

乔布斯大为震惊，兴奋地说:“这太神奇了！你们怎么不用这些技术开发产品呢？这就是技术革命!”参观回来后，

抱着 Mac 的拉斯金(右)和他的团队

头脑敏锐的乔布斯立即提出，要“造出一台能够用鼠标操控，拥有图标和对话窗口的崭新电脑”，于是，苹果公司成立了“丽莎”项目组。这个产品一直是公司的重头项目，研制经费高达 5000 万美元。但因为乔布斯独断专行，指挥混乱，朝令夕改，遭到工程师们的一致抵制。马库拉和斯科特从大局考虑，把他调出了“丽莎”组。

此刻，听拉斯金说 Mac 具有与“丽莎”同样的性能，而且价格比“丽莎”便宜得多，乔布斯马上就意识到这是一个潜力巨大的项目。但 4 个研发人员显然力量不足，应该大干快上。于是，他决定重磅出击。

第二天，乔布斯就通知拉斯金:“从今天开始，Mac 由我接管。”

乔布斯是位高权重的决策人，拉斯金只是一个小主管，眼看自己种出的“红苹果”被摘走，他只能忍气吞声。乔布斯这时刚被“丽莎”项目排除在外，马库拉和斯科特也乐得他有事干。接管 Mac 项目后，乔布斯立刻在公司内调兵遣将，挖掘参加过苹果Ⅱ设计的工程师精英，这一次他邀请了沃兹。沃兹也同意参加 Mac 组，这让乔布斯倍感高兴。同时兰迪·威金顿、丹·科特基和比尔·费南德斯也被他挖了过来。Mac 研发组扩大为 20 多人，轰轰烈烈地干了起来。

有人把乔布斯夺取 Mac 控制权的举动称作“海盗”行为，乔布斯却大言不惭地宣称：“让我们来当海盗吧！我们将扬起风帆，驶向一个革命的新世界！”他还热情洋溢地向研发组成员们鼓吹：“如果能当海盗，干吗还参加海军？”

乔布斯因此得了个“海盗船长”的绰号，是恶名也是美名。在他的带领下，Mac 项目后来果然乘风破浪，引发了一场电脑革命。可惜的是，沃兹最终没有参加这个项目。

1981 年是个动荡的年份。年初，苹果公司相继发生了几件大事，对公司后来的走向和推进产生了微妙的影响。第一件事就是乔布斯当上了“海盗船长”，第二件事发生在沃兹身上，第三件事是苹果总裁斯科特出局。

沃兹和爱丽丝离婚后，爱上了活泼的金发女郎康蒂·克拉克。她是苹果公司的员工，有很多弟兄。康蒂经常找沃兹索要免费电影票，一要就是一大把。沃兹觉得她很可爱，两人很快就确定了恋爱关系。1981 年 1 月，沃兹花费了 25 万美元买了一架 V 形尾六座单引擎私人小飞机。沃兹对飞行很感兴趣，早就拿到了飞行驾照，不过，他只有 50 小时的飞行记录。2 月 7 日下午，沃兹带着康蒂，驾着新飞机在斯科特山谷机场起飞，同机还有康蒂的哥哥和女友。沃兹此行的目的，是去圣地亚哥选购订婚戒指，他坐在驾驶席上，心花怒放。没想到乐极生悲,飞机在起飞向上爬升时，引擎突然熄火，飞机跌落到跑道上，穿过两个铁丝网护栏后冲进路基，翻了个底朝天。沃兹受了重伤，头部被撞，导致严重脑震荡，上嘴唇破裂，还碰掉了一颗牙齿，被送进医院抢救。康蒂和哥哥及哥哥的女友算是侥幸，只受了轻伤。康蒂为脸部的瘀伤做了整形手术。

苹果公司的员工闻讯后大为震惊。乔布斯特地安排了一辆豪华汽车，接沃兹的父母到医院探视。但是沃兹醒来后，却记不起这次事故，也不记得谁来医院看过他，医生说他患了“顺行性遗忘症”。五个星期之后，沃兹才逐渐恢复记忆。这次飞机出事，沃兹大难不死，一时间大彻大悟，觉得这是一次幸运，应该重新安排生活。他决定暂时离开苹果一段时间。6 月，沃兹和康蒂举行了婚礼，第二天他就住进伯克利分校，继续完成大四的学业。为了掩人耳目，他特地用了个化名——“洛基·纳库恩·克拉拉”。所以，没有人知道他就是苹果的联合缔造者“史蒂夫·沃兹”。两年后，拿到文凭的沃兹才重返苹果公司。

就在沃兹飞机出事半个月后，苹果公司遭遇了“黑色星期三”。

1981 年 2 月，因为苹果Ⅲ的滞销，斯科特决定裁减员工。据说他事前征求过乔布斯和马库拉的意见，并得到了同意，但这位苹果“胖帅”的操作有些失策。

2 月 25 日这天，从上午 9 时开始，斯科特就把一些员工挨个叫进他的办公室，告诉他们被解雇了，原因是公司发展得太快，必须精简。当天斯科特一口气解聘了 40 名员工，其中有一半是苹果Ⅱ项目组的人员。苹果公司自成立以来，从来没有裁过员，斯科特的此举在公司里遭到强烈反弹，引发了一场“地震”。苹果员工对解聘怨声载道，苹果Ⅱ的工程师们更认为这是不可接受的“残暴”之举。因此，2 月 25 日被大家称为“黑色星期三”。

1979 年初苹果公司只有 150 名员工，一年后增加到 600 人，到 1980 年底已增至 1500 人。公司迅猛发展，人员剧增，难免出现人浮于事的现象。客观地讲，斯科特裁员的决定并不错，错的是他的做法过于武断，而且打击了为公司创收的苹果Ⅱ团队。据说斯科特对下面的人说：“苹果Ⅱ开发小组太自以为是，应该把某些害群之马踢出去。”最后，这句话成了他的“罪证”。

员工们找到马库拉投诉，对斯科特表示强烈不满。看到局面有些不可收拾，马库拉出面召开董事会，决定免去斯科特的 CEO 职位，以平息众怒。乔布斯对此表示赞同，理由是斯科特裁员的做法不符合公司的正常程序，有违苹果的文化，损害了公司的整体利益。CEO 一职暂且由马库拉接任，乔布斯接替马库拉出任董事长，斯科特则改任挂名的副董事长。

几个月后，斯科特黯然离开苹果公司。商场如战场，总会有人牺牲，虽然没有尸横遍野，但残酷无情却是一样的。

斯科特辞职回家后一直很失落，经常闭门不出。有人发现他曾出没在附近的垃圾场，把一个塑料火箭抛向空中，嘴里嘟囔着："苹果是我的孩子。" 马库拉曾对人说，解聘斯科特是他这辈子作过的最艰难的决定。乔布斯后来也有一种负疚感，他曾担心斯科特那段时间会寻短见。

好在斯科特后来走出了阴影，加入一家名叫 "Star Struck" 的公司，不过，他很快就被人遗忘了。沃兹说："没

苹果公司首任 CEO 迈克·斯科特

有一本书回忆过他，这让人感到很悲哀。没有人知道他的名字，人们忘记了迈克·斯科特——苹果公司的首任 CEO。”

其实，苹果公司早期的发展，包括公司成功上市，斯科特都功不可没。但只有心地仁厚的沃兹，还记得这位苹果公司首位 CEO 的好处。

一次，公司召开高管会议。马库拉在大口吸烟，吞云吐雾，乔布斯则把一双脏脚抬在会议桌上，气味熏天。与会的高管们都不吭声，斯科特实在看不下去了，于是清了清嗓子说:“请二位不要再炮制‘烟熏猪蹄’啦!”大伙儿都忍俊不禁。在一阵嬉笑中，两位高层领导的举动方才有所收敛。

还有一次，沃兹心血来潮，把约翰·德拉浦（就是那位“咔嚓船长”）邀来苹果公司，让他为电脑设计数字电话卡，这样苹果电脑就能变成一个放大版的“蓝匣子”。沃兹还为约翰·德拉浦安排了一间办公室。斯科特发现这件事后，大为震怒，扬言要开除沃兹。因为苹果公司如果成了黑客基地，必将跌入万劫不复之地。沃兹自知理亏，悄悄地打发走了约翰·德拉浦。

对待乔布斯的越轨行为和专横跋扈，斯科特也同样会进行干预和告诫。他曾对下属说:“乔布斯像时速 90 英里的蜂鸟一样飞来飞去，因此得有人镇镇他才行。”姜洪军在《乔布斯和他的对手们》一书中也曾写道:“马库拉虽然像护犊子般地关爱乔布斯，但他也经常支持斯科特修理乔布斯，斯科特让乔布斯的权力范围有了边界。”

所有这些，让乔布斯很不快，他和斯科特的积怨也越来越深。现在终于把斯科特赶走了，乔布斯松了一口气，从此没有人会再把他当成乱飞的“蜂鸟”了。“黑色星期三”只是一个导火索而已，乔布斯万万没有想到的是，几年之后自己竟也落得和斯科特同样的结局。

挑战 IBM

1981 年 8 月 12 日，IBM 公司在纽约曼哈顿沃尔多夫饭店召开个人电脑发布会。这款电脑被命名为 IBM PC 机，采用英特尔 8088 芯片，配有 64K 存储器，另有 5 个插槽可增加内存，还配备了显示器、键盘和两个软盘驱动器，采用了微软公司编写的 BASIC 语言软件和 MS–DOS 操作系统，整机售价 1565 美元。

次日，《华尔街日报》报道:“IBM 正以崭新的姿态进入个人电脑这个新兴产业，人们普遍认为蓝色巨人在近两年内将主导这个产业。”

IBM 公司是电脑业的巨无霸，号称“蓝色巨人”。它于 1951 年开始开发商用计算机，并聘请大名鼎鼎的冯·诺依曼做顾问，1952 年就研制出第一台存储程序计算机 IBM 701。后来又成功推出 IBM 702、IBM 360 等巨型机，一举登上美国大型商用电脑的头把交椅。“阿波罗号”登月计划，使用的就是IBM计算机。IBM公司素有“严肃庄重”的企业风格，员工一律身着蓝色西装，系蓝领带，一丝不苟。IBM的产品都是大型计算机，每台售价动辄上千万美元。苹果公司开发个人电脑时，IBM公司认为那是“小儿科”，并没有引起重视。待到苹果Ⅱ问世，引发个人电脑的风潮铺天盖地而来时，IBM公司才猛然发现在这场电脑革命的浪潮中自己慢了半拍。IBM开始意识到自己忽视了小型机、微型机的市场潜力，于是考虑进行战略调整，进军个人电脑市场。

1980年4月，IBM召开了一次高层秘密会议，决定在博卡雷顿成立一个研发小组，限期一年之内开发出IBM个人电脑，即IBM PC机。博卡雷顿在佛罗里达州南端的迈阿密附近，那里有家IBM的工厂，选择这么边远的地点，为的是便于保密。该研发项目的秘密代号是“国际象棋”（Chess）。

业界曾有人讽刺IBM公司过于庞大，运转不灵，像头笨拙的大象。但IBM总裁卡利对IBM PC机寄予了厚望，他告诉下属说:“今后，若有人问到如何让大象跳踢踏舞，我们的回答就是‘国际象棋’。”这个研发小组共有13名成员，所以又称“13人小组”。项目负责人埃斯特奇是个人电脑的执著鼓吹者，富有战略眼光。他仔细研究了苹果电脑的成长奇迹，认识到要想在一年内开发出能占领市场的个人电脑，必须借助其他企业的研究成果，包括使用英特尔公司最新推出的8088微处理器，并委托专门的公司设计软件。微软公司的比尔·盖茨当时还是个小人物，但聪明绝顶的他抓住了这个千载难逢的机会，签下给 IBM PC 机设计软件的协议。比尔·盖茨正是以此为跳板，傍上了 IBM，一跃而成为软件巨头。

“蓝色巨人”IBM 的徽标

IBM PC 电脑

经过近一年的努力，埃斯特奇小组成功地完成了“国际象棋”项目的攻关任务。1981 年 8 月 12 日，IBM PC 机正式向外界发布。这一天成为电脑史上值得纪念的日子，因为 IBM 这头大象终于跳起了漂亮的踢踏舞。

IBM 公司发布 IBM PC 机当天，比尔·盖茨正在与苹果公司商谈合作。他事后回忆说：“IBM 发布其 PC 机那天我在苹果公司，他们似乎并不在乎。一年后他们才意识到危机的存在。”

8 月底，IBM PC 机正式上市。乔布斯叫手下买了一台 PC 机回来，并让工程师把机器拆开研究了一番，发现并没有技术上的创新，而且机器的体积颇大，显得笨头笨脑的，操作起来也不方便。乔布斯评价说：“我觉得很纳闷，世界上最大的电脑公司的产品甚至比不上苹果Ⅱ。苹果Ⅱ是我们六

苹果在《华尔街日报》的广告

年前在车库里设计的，他们只是重新包装了一下而已。”

乔布斯当时并没有意识到，IBM 的品牌具有巨大的号召力。

就在 IBM 发布 IBM PC 机两天之后，乔布斯在《华尔街日报》上登出整版广告，打出巨幅通栏标题：“欢迎，IBM。真的。”(Welcome,IBM.Seriously.)

对这幅列成三行的通栏大标题，有关乔布斯的出版物有多种不同的解读。有的说其意是“真诚欢迎 IBM”，有的解释为“欢迎 IBM，严肃点”，还有的译作“欢迎 IBM，正经点”或“欢迎 IBM，我们是认真的”，等等。查《英汉大字典》,“Seriously”的词义，可作“严肃地”“认真地”“严重地”“说真的”解。

乔布斯不会那么傻，会“真诚欢迎”大蓝鲨染指苹果的个人电脑领地。他显然是想通过这句豪言壮语，来宣示苹果在个人电脑业的龙头地位。其潜台词是：我是老大，你要进入，咱们欢迎。“真的”，则包含着一种严阵以待的意思。整个标题就三个词，简洁短促，充满自信，又咄咄逼人。

明眼人都能看出来，这实际上是在向“蓝色巨人”IBM发起挑战。

广告内文写道：

欢迎你们光临信息革命35年以来最激动人心、最重要的市场！

祝贺你们研发出你们的第一台电脑。当我们把功能强大的电脑放在人们双手之间时，人们有可能因此而改变他们的工作方式、思考、学习和交流方式，甚至是娱乐消遣方式。

当我们创造出第一台个人电脑时，我们预计只要人们意识到使用电脑的益处，世界上将会有1.4亿人购买电脑。我们预计明年将有整整100万户人家考虑购买个人电脑。在下一个10年里，我们相信个人电脑的拥有量还会出现更为迅猛的增长。

我们期待着我们之间激烈的良性竞争可以把美国的电脑技术传播到全世界。同时，我们也非常欣赏你们在这方面作出的诸多承诺。

我们所能做的就是通过提高每个人的工作效率来增加社会财富。欢迎加入到我们的队伍中来！

苹果公司

事实上，苹果公司当时完全低估了IBM。

有人问马库拉，苹果应该怎样应对IBM？马库拉不客气地回敬说："你应该问的是IBM如何应对苹果。我们四年前就作好了准备，等着IBM来叫阵，掌握方向盘的是我们，拥有30多万用户的是我们，掌握经销的也是我们。除非发生第三次世界大战，否则IBM无法打败苹果公司。"

乔布斯更是信心百倍地说："我们肯定要把IBM赶出市场，我们要把它打得屁滚尿流。"

但是，事实很快证明了《华尔街日报》的预见。IBM PC机的横空出世，从此开创了PC时代。个人电脑以前所未有的广度和速度进入了办公室、学校、商店和家庭。就在1982年内，IBM的个人电脑销售量已达25万台，销售总额达4亿美元！

1982年圣诞节，《时代》杂志推出本年度的风云人物，破天荒地将此殊荣授予一台机器——IBM生产的个人电脑IBM PC机。《时代》杂志这样写道："有时候，在一年中最有影响力的不是一个人，而是一个过程；而且整个社会都普遍认为，这一过程将改变所有其他的过程……因此，《时代》杂志将PC机（个人电脑）选定为1982年的年度人物。"

乔布斯尽管豪情万丈，但他也感受到了来自IBM PC机的压力。IBM强势进入个人电脑市场，终于使他意识到了苹果正面临着空前的生存危机。

1983年1月，苹果公司的丽莎电脑面世。这是世界上第一款商品化的图形用户界面电脑，并第一次配置了鼠标。苹果公司寄希望于这款电脑能够挽回颓势。乔布斯以苹果董事长和代言人的身份来到纽约，为丽莎作宣传。

但是丽莎的售价太高，每台 9995 美元！这样的价格和 IBM PC 机相比，可以说没有任何竞争力，许多客户都望而却步。丽莎的定位是纯粹的办公电脑，与苹果Ⅱ和后来的 Mac 并不兼容。而且丽莎的软件也非常有限，它只配置了几款办公软件。面对强势的 IBM PC 机，苹果公司的丽莎终于败下阵来！

所幸的是，苹果公司还有王牌产品苹果Ⅱ保驾。

苹果Ⅱ电脑自 1977 年推出后，不断有后续产品问世，诸如 1979 年发布的增强型苹果Ⅱ+，1983 年推出最畅销的苹果Ⅱe ——就在这一年，苹果Ⅱ系列成了历史上第一部销量超过 100 万台的个人电脑。随着苹果Ⅱ电脑带来的巨大收益，苹果电脑公司在短短五年的时间内就创造了神话般的奇迹。1983 年 5 月，苹果公司的营业额跃升至 10 亿美元，跨进美国最大 500 家公司的行列。

自 1981 年 7 月斯科特离开苹果后，马库拉暂时接任 CEO，公司一直没有物色到理想的 CEO 人选。乔布斯认为自己完全有能力担此重任，但董事会对他并不放心，觉得他太年轻，又缺乏管理经验，而且性情狂躁，难孚众望。乔布斯心想，既然董事会不让自己执掌苹果公司，那就最好找一个和得来的人来担此重任。若此人志同道合，并能听命于己，那就更好了。

1983年初，乔布斯物色到两个人选。一个是IBM公司的高管埃斯特利，此人曾负责IBM PC机的开发，是个经营能人。乔布斯给他开出100万美元的年薪，但埃斯特利还是拒绝了。也许在他眼里，和“大蓝鲨”IBM相比，苹果公司只是一条小金鱼。

乔布斯相中的第二个目标，是百事可乐的执行总裁约翰·斯卡利。斯卡利当年38岁，是个经营奇才，在饮料业界被称为“销售之王”。在百事可乐与可口可乐竞争处于劣势时，斯卡利打出“百事可乐，年轻人的选择”的广告，在年

乔布斯和斯卡利在纽约中央公园

轻消费者中获得销售的突破。百事可乐因此举反败为胜，打了个漂亮的翻身仗。乔布斯很欣赏斯卡利给产品定位的睿智。

还有一件事，也让乔布斯和斯卡利拉近了距离，就是斯卡利告诉乔布斯，当他对女儿说乔布斯要来百事可乐总部拜访时，女儿又惊又喜地大叫："史蒂夫·乔布斯！你会见到史蒂夫·乔布斯啊！"激动得就像爸爸要见的人是摇滚明星一样。乔布斯听后很高兴，感觉自己在斯卡利家人心目中的分量很重。他和斯卡利见面后，发现他们很谈得来，斯卡利也觉得两人有许多相同的地方。比如，他发现乔布斯进门时，对门上精制的铰链和门锁很着迷。斯卡利说："我喜欢精美的东西。我是学工业设计的，我发觉乔布斯对工程美学也情有独钟。"

在四个月的时间里，乔布斯多次拜访斯卡利，并盛情邀请他加盟苹果公司。斯卡利虽然被乔布斯的诚意和魅力所打动，但很犹豫。因为他在百事可乐的条件优越，报酬丰厚，对电脑却一窍不通。如果他从百事可乐跳槽到苹果公司后，将会面临新的挑战。

最后，当斯卡利明确表示拒绝时，乔布斯说了一句话："你是想卖一辈子糖水呢，还是想抓住机会来改变世界？"

这句话让斯卡利大为震撼。改变世界是一个伟大的目标，一般人是没有胆量说出来的。但年轻的苹果缔造者胸怀这样的雄心，这深深触动了斯卡利的神经。经过一番思考，斯卡利终于同意接受乔布斯的邀请，加盟苹果公司。苹果给他开出的条件是50万美元的年薪，外加50万美元的奖励。

1983年3月底，苹果董事会拍板同意聘斯卡利担任公司CEO。4月，斯卡利辞去百事可乐的任职，正式到苹果公司上任。

斯卡利在就职演说中说道："如果你们问我为什么会来苹果公司，只有一个原因，那就是在这里可以和史蒂夫·乔布斯一起工作。我把他看成是这个世纪我们国家一位真正伟大的人物，我为能有机会帮助他而感到兴奋。我相信，IBM一定会被我们打得落花流水！"

斯卡利的最后一句话，正中乔布斯的心意。

Mac闪亮登场

BEIZHUDEYINGXIONG

乔布斯意识到和IBM的竞争并非儿戏，他隐约有一种危机感。

乔布斯接受采访时说："苹果公司和IBM公司马上就会展开竞争了，假如出于某种原因我们出现了重大失误，而让IBM公司赢了，我们在以后的20年里就会处于电脑世界的'黑暗世界'。因为一旦他们占领了电脑市场，他们就会停止创新，也会阻止任何创新的开发和设计。"

为了抗衡"蓝色巨人"IBM，乔布斯率领他的"海盗"团队乘风破浪，一往无前。他坚信正在开发的Mac将引爆一场个人电脑的革命。

杰夫·拉斯金最初设计的 Mac，采用的是摩托罗拉 6809 芯片。乔布斯认为 6809 是低性能芯片，应该换成性能强劲的摩托罗拉 68000 芯片。拉斯金不赞成，他认为这会增加 Mac 的成本，但乔布斯坚持要给 Mac“换芯”，他指示年轻的工程师史密斯负责这个任务。经过三个星期的日夜奋战，史密斯成功地让 Mac 换上了 68000 芯片，拉斯金只好接受了。事实证明，乔布斯的决策是对的，因为这能保证 Mac 的高性能，尤其是支持绚丽的图形效果和鼠标的运用。

当初，拉斯金对 Mac 的设计理念是，内存小、廉价处理

沉思的乔布斯(背后是 Mac 电脑)

器、用磁带储存、图形效果一般，虽然这样价格可以压在1000美元以内，但机器的性能上不去。乔布斯的设计思想，是开发一台能够引领个人电脑潮流的Mac机，一定要高品质、有创新，在这个前提下控制合理的价格。两人不仅设计思路分歧严重，管理方式也大相径庭。拉斯金实在难以忍受，便写了一份措辞尖锐的“备忘录”向斯卡利投诉，指责乔布斯“是个糟糕透顶的管理者……我发现自己已无法为他工作”。

斯卡利和马库拉试图调解，但没有奏效，最后拉斯金以休假为名退出了Mac组。1982年他离开苹果，去了佳能公司，他造出了自己一直想要的电脑，命名为“佳能猫”。这款电脑采用了摩托罗拉68000芯片，只有键盘，没有鼠标和图标，定价1495美元，卖相还可以。但不知何故，问市仅6个月，“佳能猫”就被佳能公司取消了。

拉斯金的最后出局，虽然有点遗憾，但对Mac的开发却有好处，因为团队的指导思想因此统一了。正如乔布斯所说：“我们不是设计一台新电脑，而是在创造一个具有历史意义的东西，一个将改变人类认知方式的东西。”

乔布斯对电脑的设计工艺要求很严，他从父亲身上学到做一样东西一定要完美。父亲告诉他：“如果你是个木匠，你要做一个漂亮的衣柜，你不能用胶合板做背板，虽然它靠着墙，没人看得见。你一定要用一块漂亮的木板做背面。如果你想晚上睡得安稳，就要保证衣柜的外观和质量都足够好。”

对 Mac 的机箱造型，研发组进行了反复论证。

“Mac 的造型应该清新脱俗。”乔布斯说。

“对，线条要流畅，让用户赏心悦目，就像法拉利。”一个组员说。

“不行，法拉利不如保时捷更有活力。”另一个表态道。

“还是大众的甲壳虫好，造型典雅，不会过时。”

大家集思广益，思路活跃。两位设计师精心设计了 6 个样稿，最后从中选出了最佳方案。

乔布斯对机器内部的工艺要求也很严格。他仔细检查电路板，绝不允许连线不直或者把芯片排歪，一旦发现问题，他就会严厉指出:“这个内存条太丑了，怎么搞的?”

“谁会在意主板的样子呢？用户又不会打开机箱看。”一个新来的技师辩解道。

“你不在意我在意。”乔布斯训斥说，“我们制造的产品，不仅外壳要美观时尚，隐蔽部分也必须一丝不苟。”

1982 年 2 月，Mac 的机身最后成型。这是一个紧凑的立式造型，主机和显示器合为一体，线条简洁，结构精致、时尚，看上去像个“小帅哥”。Mac 研发组当晚举行了一个小型庆祝酒会，乔布斯在酒会上突发奇想，即席说:“Mac 就像一件艺术作品，我们 Mac 团队的每一个人都是创造家，大家应该把名字刻在作品上。”

乔布斯的倡议得到了众人的拥护，他叫人拿来一张绘图

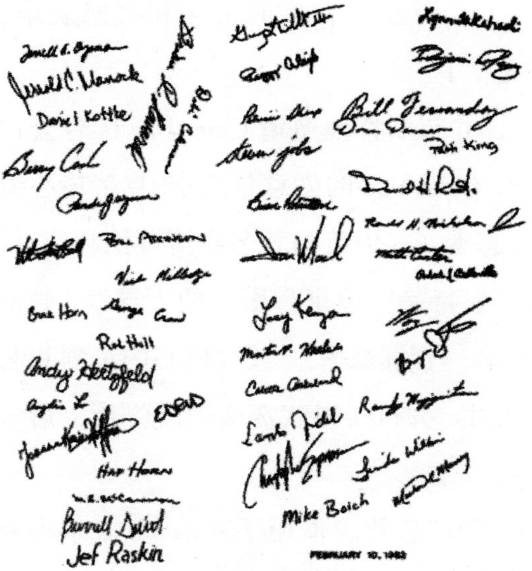

Mac 机箱内壁的签名

纸、一支夏普钢笔，让每个人都在纸上签名。待 45 个人都签好名后，乔布斯最后一个拿起钢笔，在正中央一个位置，用小写字母签下“史蒂夫·乔布斯”。史蒂夫·沃兹短胖的签名，在右行倒数第 6 个。

然后，乔布斯举起香槟向大家祝酒。酒宴上欢声笑语，热闹非凡，有人甚至激动得热泪盈眶。这 46 个签名，后来印在每一台 Mac 电脑塑料机壳的内部。每一个参加过开发 Mac 的团队成员，都为自己的名字感到骄傲。

细心的读者也许会发现，在这 46 个签名里，居然有“杰夫·拉斯金”（Jef Raskin）的名字，就在左边那行的最下面。这倒是挺有意思。说不定当时杰夫·拉斯金还没有离开苹果公司，也可能是专门请他回来喝庆功酒的。不管怎么说，杰夫·拉斯金都是 Mac 电脑的功臣之一。

1984 年的新年钟声敲响了。

等待的时间太久了，历经了太多的奋斗和喜怒哀乐，Mac 电脑终于要正式亮相了。

为了给 Mac 造势，乔布斯特地邀请 Chiat/Day 广告公司策划制作 Mac 广告片。Chiat/Day 的创意总监李·克劳精心编写了 60 秒钟的广告片脚本，并由英国著名导演雷德利·斯科特拍摄制作。雷德利·斯科特是一位享誉影坛的大导演，曾拍过《决斗者》《异形》和《银翼杀手》。经过精心的策划和制作，他完成了 Mac 广告片。乔布斯很欣赏这个广告片，斯卡利也很满意。

这个名为“1984”的广告片，借用了乔治·奥威尔小说《1984》中的场景，具有强烈的视觉冲击力。乔治·奥威尔是英国著名作家,《1984》是他在 1948 年创作的一部政治寓言小说。小说里描述了一个荒诞的集权国家，它的天空永远是灰暗的，街道上贴满了“老大哥”的画像。无处不在的电幕监视着每一个人，人们都生活在高压和恐惧之中。你的每一个动作表情、每一句话、每一声叹息都逃不过电幕的天眼。在雷德利·斯科特导演的 Mac 广告片中，一个身穿 Mac T 恤、红色短裤的金发女郎迎面奔来，被一群头戴黑色面具的警察追赶着。女郎忽然跑进放映厅，老大哥正在屏幕上讲着控制人心的话，只见女郎把手中的大锤猛然掷向空中，把屏幕击得粉碎。一股清新的凉风吹过面颊，被催眠的观众顿时清醒过来。

最后，屏幕上出现了如下字幕：

“1984”广告画面

1984 年 1 月 24 日，苹果公司将推出 Mac 电脑。到时你会明白，为什么我们的 1984 年不再像《1984》!

整个广告片长 60 秒，但它给观众造成了极大的震撼。广告的寓意很明显：

“老大哥”象征着 IBM，代表新生力量的苹果女郎一举粉碎了它。观众由此感到：Mac 的面世宣告了新时代的来临！

这个 Mac 广告片后来成为世界广告的经典，一共获得了 35 个行业奖项，其中包括戛纳电影节的大奖，并被《广告时代》杂志评为“有史以来最伟大的商业广告”。但鲜为人知的是，这个广告片差一点被埋没了。苹果董事会在审看广告片时，大多数董事都认为广告片的创意过于恐怖，马库拉也觉得广告有点荒唐。于是，他对斯卡利说：“能不能换一家广告公司？”斯卡利回答：“时间恐怕来不及了。”最后董事会决定撤播，要求把买下的“超级杯”转播时段转卖出去。虽然乔布斯据理力争，但无济于事。

乔布斯沮丧地回到办公室，他看到刚从外面回到公司的沃兹，一把拽住他说：“嘿，你过来看看这个东西！”乔布斯打开一个盒式磁带录像机，把广告片放给他看。

沃兹看完广告后兴奋地大喊：“嗨！这广告太绝了！这正是我们想要的呀！”

“可是董事会不喜欢，他们反对播出。”

“嗯，真是有眼无珠。”沃兹很不满，问乔布斯，“‘超级杯’转播这个广告要多少钱？”

“要80万美元。”乔布斯回答。

“这样吧，”沃兹沉吟了一下接着说，“如果董事会不愿付这笔播出费，我俩一人出一半怎么样？”

乔布斯为沃兹的豪爽所感动，说了声“谢谢”。

正当这两个史蒂夫、铁哥们、苹果的联合创始人准备各自破费40万美元时，运气忽然来了。广告商告诉苹果公司，由于“超级杯”联赛的时间迫近，苹果公司买断的广告时段转卖不出去。苹果公司要么播放“1984”广告，要么开天窗。于是，董事会只好同意按原计划播出。

1984年1月23日，在苹果公司正式发布Mac的前一天，广告片“1984”在美国职业橄榄球联赛“超级杯”决赛时段播出。当天有46.4%的美国家庭收看了这个节目，顿时引起了轰动。

1984年1月24日，苹果发布了具有划时代意义的Mac电脑。

这一天，乔布斯在苹果公司的股东年会上，正式向公众宣布推出具有革命性的Mac电脑。2600多人把库比蒂诺的弗林特礼堂挤得水泄不通。乔布斯穿着一件双排扣的蓝色西服、白衬衣，系着浅绿色领结。他微笑着向大家致意，宣布股东大会开始，然后朗诵了他崇拜的歌手鲍勃·迪伦的《时代在变》的歌词：

动笔预言未来的作家与评论家们，
把眼光放远大点，
机会不会再来第二次，
车轮仍在滚滚向前；
别言之过早，
谁胜谁负还难以定夺，
失败者也许转眼就会领先，
因为时代在变。

接着，乔布斯在音乐的背景声中，慢慢揭开台上的一个帆布袋，里面露出一台小巧精致的 Mac 电脑。大家立刻被这个新产品吸引住了。

乔布斯用富有磁性的声音介绍了 Mac 的创新特点：“到目前为止，我们这个行业只有两个里程碑——1977 年的苹果Ⅱ和 1981 年的 IBM PC 机。今天，我们将把第三个里程碑产品 Mac 投放市场！”

礼堂里响起热烈的掌声。

乔布斯在屏幕上演示了 Mac 的图形功能，然后，他面带狡黠的微笑说：“现在，我想让 Mac 来作自我介绍。”

话音刚落，只见他的手指点了一下鼠标，电脑就发出清脆的合成声音：“嗨，我是 Mac！从袋子里跳出来的感觉真好……”

人们都惊呆了，全场鸦雀无声。紧接着，这个宝贝说：“对着这么多人讲话，我有点紧张。可是当我第一次看见体积庞大的 IBM 电脑时，我想告诉大伙儿一句格言：永远不要信赖一台你提不动的电脑。”

顿时，礼堂里爆发出哄堂大笑。

Mac 宝贝继续说：“现在，我想放松一下听别人讲话。我要非常骄傲地介绍一个人，对我来说他如同我的爸爸，他就是史蒂夫·乔布斯！”

礼堂里响起一片欢呼声。乔布斯点头向大家致意，他挥着双手大声说：“请为研发 Mac 电脑的工程师们欢呼吧！他们就坐在礼堂的前五排。”

礼堂里欢声雷动。人们的视线一齐投向那些研发 Mac 电脑的“海盗”英雄们。工程师们站起来，表情激动，股东们如痴如狂。

Mac 发布会取得了轰动效应。

凭借“1984”广告的强大攻势和乔布斯的个人魅力，Mac 电脑取得了巨大的成功。电脑上市的第一天早晨，全美国的电脑零售店就排起了抢购 Mac 的长龙。短短两个半月，Mac 就售出 5 万台，1984 年全年总共销售了 27.5 万台。

1985 年 1 月末,《花花公子》杂志采访了乔布斯。乔布斯有个非常精彩的比喻——

乔布斯与苹果 Mac 电脑

幸好，贝尔在1870年前后发明了电话，它实现了和电报一样的功能，但使用起来比电报更快捷、更方便。使用一台电报机，你必须先学习莫尔斯电码——一种由点线组成的奇怪编码，大部分人有可能永远都无法学会。

如今，历史又重现了。有些人说每个办公室都可以放一台IBM电脑，其实这是不现实的。因为这次我们需要学的编码是'DOC命令'，没有学过莫尔斯电码的人是学不会DOC编码的。幸好，如今IBM电脑已经被超越。我们希望Mac像第一台电话一样，适合普通大众使用。

这就是Mac的角色，电脑领域中的第一台电话机。

1985年2月24日，乔布斯在旧金山圣弗朗西斯酒店宴会厅举行盛大的派对，庆祝自己的30岁生日。请柬上印着："有句古老的印度格言说：'在人生的前30年里，你培养习惯；在后30年里，习惯塑造你。'请来庆祝我的30岁生日吧。"

大约有1000人应邀参加了宴会，其中有IT界大亨、社会名流和乔布斯的很多老朋友，包括比尔·盖茨、瓦伦丁、布什内尔以及沃兹、马库拉和苹果公司的一些元老。宴会既隆重又有另类风趣，来宾们被一律要求系黑领带、穿网球鞋。乔布斯还特地请来美国著名黑人爵士乐歌手埃拉·菲茨杰拉德即席演唱，为宴会增色不少。

斯卡利走上台为乔布斯祝酒，并提议“为电脑领域最重要的远见者”干杯。沃兹也走上台，笑眯眯地送给乔布斯一个镜框，里面装着一张 6 年前在西海岸电脑展览会上子虚乌有的“扎尔塔”电脑传单——这时乔布斯才知道，原来那是沃兹的恶作剧，恍然大悟的他放声大笑。

在一片欢呼声中，埃拉·菲茨杰拉德激情地演唱了《库比蒂诺小伙子》和《祝你生日快乐》，全场掌声如潮。

瓦伦丁对乔布斯 10 年间的变化颇为感慨。这位红衫基金的金融大鳄悄悄对邻座的客人说:“他以前留着山羊胡，模样像胡志明，对每一个 30 岁以上的人都存着戒心。没想到，现在竟和埃拉·菲茨杰拉德一起办了场这么棒的 30 岁生日宴会!”

中国有句古话是“三十而立”。30 岁的乔布斯事业辉煌、春风得意，正处在人生的巅峰时期。乔布斯当时并没有料到，跨过这一时刻，他竟会跌至谷底。

危机四伏

BEIZHUDEYINGXIONG

1984 年春天，借着“1984”广告的浩大声势，Mac 的销售突飞猛进。4 月，又逢苹果Ⅱc 型机隆重发布。这是一种便携型苹果Ⅱ电脑，外形小巧精致，非常受欢迎。这两种产品的交相辉映，使得苹果公司的形势一片大好。乔布斯和斯卡利两人不由得喜形于色。

5月3日傍晚，苹果公司特地为乔布斯和斯卡利举行庆功会。所有董事会成员和全部高管都到齐了，大家聚集在黑羊餐厅里。

乔布斯举杯祝酒，兴奋地说："对我来说，生命中有两天是我最开心的日子，一天是Mac发布的日子，另一天就是斯卡利答应来苹果做CEO的日子。"

乔布斯打开一个透明的礼品盒，里面装着斯卡利的一组照片，记录了斯卡利从离开百事可乐到苹果之后的许多珍贵瞬间。

乔布斯和斯卡利

斯卡利很感动，接过礼品盒动情地说:“苹果只有一个领导者，这个领导者就是史蒂夫和我。”

乔布斯回答说:“你虽然不是公司创始人，但就像创始人一样。我和沃兹创立了苹果的过去，你和我正在开创苹果的未来。”

在座的人都相信，两人当时的相互赞扬是真诚的。

当年 10 月，乔布斯和斯卡利一起被登在《商业周刊》封面上，媒体把他俩的完美组合称为“活力二人组”。这是两人关系的最后一抹辉煌。

但是，随着 Mac 出现的问题，乔布斯和斯卡利的矛盾也随之暴露出来。

从 1984 年秋天开始，Mac 开始滞销，Mac 电脑的缺陷也逐渐暴露出来。诸如：内存只有 128M，无法支持复杂的软件；缺乏可扩展使用的软件；机内不带风扇，需从外部散热；还有一个问题，就是与IBM PC 机相比，售价偏高。所以，零售商更愿意向用户推销 IBM 公司的 PC 电脑。

一连几个星期，Mac 的销售都没有起色。乔布斯坐立不安，不明白究竟发生了什么。假如 Mac 电脑像丽莎一样失败，后果将不堪设想。

乔布斯气急败坏地冲进斯卡利的办公室，质问道:“我不懂，我真的搞不懂，为什么 Mac 会卖不动？所有的事情都无比顺利，可为什么销量就是上不去?”

斯卡利脸色铁青，回答:“工程师曾经提出过 Mac 设计上的缺陷，如果早引起重视就不会这样了。”实际上，正是乔布斯要避免产生噪音，才否决了在机内配置风扇的。

乔布斯打断他的话：“定价才是关键！我早就说过，Mac的定价不能太高，可你偏要卖2495美元不可！”

在Mac的定价问题上，乔布斯与斯卡利有过重大分歧。按照最初的计划，Mac的定价是1000美元，但由于乔布斯对设计作了改进，提升了性能，所以定价准备定为1995美元。这个价位符合Mac团队的设计理念，就是让Mac得到普及。但斯卡利坚持要再提高500美元，卖2495美元。Mac的性能超过了IBM PC机，IBM PC机的售价是1565美元，如果Mac定价1995美元，那么两者相差仅430美元。乔布斯认为，这样的价位可以保持Mac竞争的优势，但斯卡利不同意，显然他想多赚一点。

乔布斯当时说：“我想让Mac成为一次革命，而不是尽可能地榨取利润。”

斯卡利回答：“要么你保持1995美元的售价，但是我们没有额外的宣传营销费给你；要么把售价提上去，你就有足够的经费举办盛大的产品发布会。二者只能选一。”

乔布斯明白，如果没有大张旗鼓地宣传，Mac的革命性就不会为人所知，他当然不愿意放弃产品发布会，包括广告片，所以最后还是斯卡利赢了，乔布斯被迫作出让步。Mac定价为2495美元，这个价位高出IBM PC机将近1000美元。乔布斯认为，正是这个原因造成Mac的销售下滑。

动荡不安的秋天过去了，接着是寒冷的冬天。

1985年1月，许多分销商为了消化库存，已停止从苹果公司进货。Mac的销量开始直线下跌。有的分销商甚至要求苹果召回滞销的Mac，对苹果公司而言，这无疑是雪上加霜。

由于没有采取有效措施，公司面临着破产的危险。随着危机的加剧，苹果公司内部积压的矛盾终于爆发了。

乔布斯是苹果公司的董事长，斯卡利是苹果公司的CEO。CEO是公司的最高执行官，是公司运作的总指挥。董事长是董事会的召集人，是CEO的后台老板，并不管公司的具体业务。如果CEO失职，董事会可以撤掉他（如第一任CEO斯科特），但董事长不能越俎代庖，在公司里瞎指挥。问题就出在乔布斯经常分不清自己的角色定位，或者说是有意无意地混淆自己和斯卡利的定位，他邀请斯卡利来苹果，就是希望斯卡利完全听命于自己。

乔布斯对苹果的产品充满狂热，从产品的设计销售，到公司的大小业务，都按捺不住要亲自指挥。而且他缺乏修养，粗鲁暴躁，经常随心所欲，朝令夕改，让人无所适从。在一帆风顺时，大伙儿或许并不介意，一旦公司出现亏损，就会怨声载道，四面楚歌。在一次经理会上，有不少人流露出了不满情绪。

有个经理公开说："到底谁在管理这家公司？如果是斯卡利，那为什么乔布斯总是跑过来对我们指手画脚？"

有人甚至扬言要辞职。

斯卡利意识到问题的严重性，他对乔布斯说:“如果你什么事都插手，什么都管，我们就没法共事了。你应该集中在Mac的事务上。”

但Mac团队也不是一方净土。乔布斯原计划的Mac研发组为100人左右，但现在已膨胀到700多人。有人抱怨Mac机构臃肿，对乔布斯的瞎指挥很不满。

斯卡利把这些反映转达给乔布斯，但他却不以为然。

“别担心，我知道我们在做什么。相信我，前途一片光明。”

苹果公司正危机四伏，乔布斯似乎还没有意识到。

就在乔布斯30岁生日后不久，Mac团队的几个技术骨干相继辞职离去，他们都是当初在机壳上签名的“海盗”英雄，其中有安迪·赫茨菲尔德（Mac系统开发的总负责人）、布尔·史密斯（硬件工程师）、迈克·贝尔其（软件技术推广专家），还有布鲁斯·霍恩（高级设计师）等。乔布斯曾想挽留大家，但他们的去意已决。

乔布斯甚至给布鲁斯·霍恩开出15000股苹果股票的条件，要他留下来，但霍恩还是婉谢了。乔布斯流露出柔情的一面说:“好吧，那我们拥抱一下吧。” 于是两人拥抱在一起，然后默然告别。

几天之后，传来一个更加震惊的消息：沃兹决定辞职离开苹果公司。乔布斯事前对此一无所知，他是看见《华尔街日报》的一篇报道才知道的。

这家报纸的记者采访了沃兹。沃兹决定离开苹果，有两个原因，一是他对遥控器非常感兴趣，想创立一个小公司，开发这个产品；二是苹果Ⅱ团队一直被公司所轻视，他感到很不愉快。苹果Ⅱ是苹果公司最畅销的产品，多年来长销不衰，人人都知道它是苹果公司利润的重要保证。但是苹果Ⅱ的功劳却没有人承认，苹果Ⅱ团队员工的薪金，也远比Mac和其他研发组低。

沃兹做人一贯低调，尽管他是苹果的联合创始人和大股东，但从来不以此自居。他天性不喜欢发号施令，不想进管理层，修完伯克利分校的学业返回苹果后，他只担任苹果Ⅱ项目的工程师。沃兹决定辞职时，只打电话告诉了工程部的头儿韦恩·罗申说："我决定辞职，去创办一家公司。"

他没有给乔布斯、马库拉打招呼，也没有通知董事会的任何人。一周之后，沃兹就离开了苹果公司。

就在这个时候，乔布斯和沃兹同时收到来自白宫的邀请。两人一起前往华盛顿，接受美国总统里根授予的首届国家技术勋章，以表彰苹果电脑的贡献。美国第19任总统海斯当年第一次见到电话时曾惊叹道："哦，惊人的发明！但是谁会想到要用这个东西呢？"授勋时，里根总统借用了海斯总统的这句话，然后打趣地说："我觉得，他当时可能弄错了。"

领奖之后，乔布斯和沃兹在一家快餐店吃了三明治。两人聊起当年创业的往事，就像聊家常一样，双方避开了任何分歧的话题。作为与苹果的友好分手，沃兹接受了乔布斯的建议，同意当苹果公司的顾问，并代表公司出席活动和宣传。

乔布斯和沃兹荣获国家技术勋章

两个史蒂夫、两个创业的发烧友、两位苹果电脑之父，在晚风中就此告别分手。乔布斯的气质，天生就是做领袖（或暴君）、明星和叱咤风云的人物。沃兹的气质，更适合做配角、助手和默默无闻的幕后英雄，他从来不会和乔布斯抢风头。只要看看乔布斯和沃兹的所有合影照片，两人的反差就一目了然。镜头前的沃兹其貌不扬、腼腆、羞涩，而乔布斯则意气风发，气势十足。他俩真是一对互补的黄金搭档。即便是受到冷落或委屈，沃兹也从没和乔布斯发生过激烈冲突。如今，两人缘分已尽。

望着沃兹矮胖的身影消失在暮色里，乔布斯心中涌上一层莫名的沮丧。

他并不知道，沃兹的辞职，也许是压垮他的最后一根稻草。

“苹果”政变

BEIZHUDEYINGXIONG

接下来几个月发生的事情，乔布斯连做梦也没有想到。

1985年3月，苹果公司在亚利桑那州凤凰城参加一个电脑行业会。一天早餐之后，Mac研发组的迈克·默里找到斯卡利，要求和他私下谈谈。当时和斯卡利在一起的，还有客户关系专家麦金纳。三人一起乘电梯去斯卡利的宾馆房间，不料在电梯口被乔布斯看见了。

乔布斯问默里:“你们干什么去?”

默里有点尴尬，敷衍道:“开会。” 斯卡利和麦金纳则不作声。

乔布斯感到气氛有点怪异，说:“我也一起去。”

从未对乔布斯说过“不”的默里，回答说:“不行。”

这时，电梯门开了，三人径直走进电梯，乔布斯被撇在外面。迈克·默里是Mac研发组的营销总监，也是46个“海盗”英雄签名人之一，平日里对乔布斯忠心耿耿，这时却背地里找斯卡利。乔布斯预感到情况有些不妙。

在斯卡利的房间里，三人就乔布斯的问题进行了密谈。

默里毫不掩饰地对斯卡利说:“为了拯救苹果公司，现在应该考虑让 Mac 的‘掌门人’乔布斯离职了。”

“你是乔布斯最忠实的部下，真的这么想吗?” 斯卡利有点诧异。

“我是为公司着想，也是为乔布斯好。Mac 组现在人心涣散，再这样下去大家都会完蛋。”默里表情严肃，语气非常坚定。

麦金纳说了句:“连乔布斯最信赖的人都要他离开，说明问题已经很严重了。”

“也许我不该在背后说乔布斯，但他确实是个疯狂的领路人。”默里解释说,“有人形容他目光很远大，可以看见 1000 英里之外的东西，但他却看不见一英里以内的东西。他不明白，只有走好每一英里，才可能达到 1000 英里。他有天才的商业头脑，是因为他的目光远大；他的指挥失误、一败涂地，也是因为他的目光远大。”

斯卡利一直在为苹果面临的危机焦头烂额，他明白最棘手的问题就是乔布斯。乔布斯集董事长和 Mac 总负责人于一身，实际上凌驾于苹果整个管理层之上。他利用这个“海盗船长”的身份，对苹果所有的项目和部门发号施令。现在这艘“海盗”船眼看就要触礁沉没了，只好请他下船了。

默里的提议，促使斯卡利下定决心与乔布斯摊牌。

乔布斯这时也意识到“山雨欲来风满楼”。他一连数天找默里沟通，希望他回心转意，继续支持自己的权威地位。

他竭力让自己的营销总监相信，只有他乔布斯才能拯救苹果公司。至于斯卡利，可以让他辞职，只要自己担任公司的董事长兼CEO，苹果的所有危机就能迎刃而解。

默里委婉地劝说乔布斯索性另组一个部门，专心开发新产品。默里从心里觉得这样既可以避开矛盾的旋涡，又能充分发挥乔布斯创新的才能，也许是一个两全其美的办法。但是乔布斯不可能接受，因为这等于是撤了他的职，让他靠边站。

4月11日，苹果公司召开董事会。暴风雨终于降临。

董事会处理完日常事务后，要求斯卡利拿出拯救公司的方案。斯卡利提出，经过充分考虑，乔布斯最好离开Mac研发组负责人的职位去开发新产品。乔布斯听后报以冷笑（这个“诡计”，默里已向他暗示过）。

这时，在座的苹果独立董事亚瑟·罗克严厉地说：“在过去的一年里，斯卡利没有魄力进行管理，乔布斯则像个顽童般胡乱指挥。眼看苹果就要被你俩搞垮了，董事会必须解决这个问题。”亚瑟·罗克是著名的风险投资家，曾帮助英特尔公司创业，说话举足轻重。苹果公司面临着Mac电脑大批积压、人心不稳、亏损严重等问题，再这样下去公司势必会破产。

于是，为了解决乔布斯和斯卡利的争端，董事会分别和他俩谈话。

先是斯卡利离开会议室。乔布斯向董事们陈述了自己的意见，他坚持认为，根本问题是斯卡利不懂电脑，所以才造成产品营销的失败。当然自己也有责任，因为斯卡利是自己请来的。亚瑟·罗克对乔布斯的辩解很不满意，面带愠色地说："你这一年的所作所为很愚蠢，你以为满口'要改变世界'，就能成英雄了？结果成了狗熊一只。"乔布斯被说得灰头土脸的。

另一位平日很支持乔布斯的董事施莱因，也好言劝他"以大局为重"。

轮到斯卡利和董事会谈话时，他强硬地提出："董事会要么支持我，我会负起拯救公司的责任；但如果你们要是什么都不做，那就给苹果另找一个 CEO 来。"

这个表态等于是最后通牒。马库拉问斯卡利有什么具体措施，斯卡利回答说，如果他自己全权负责，一定会大胆管理，但不会贸然行事，而且他会做好乔布斯交出 Mac 管理权的善后工作。

亚瑟·罗克问："你想让谁来接替 Mac 的职位？"

"苹果公司法国分部的总经理让-路易·卡西。"斯卡利回答。

"这个人选不错，苹果产品在法国的销售业绩一直不错。"亚瑟·罗克说。

董事会一致决定支持斯卡利。

乔布斯在会议室外面等候。当他重新回到会议室时，看见众人的脸色，明白自己被赶下台了。马库拉向他宣布了董事会的决定。

乔布斯冷冷地瞥了斯卡利一眼，目光像钢刀一样锋利。他一句话也没说，转身走出了会议室。

在门外，乔布斯碰到了老朋友德尔，他突然哭了。乔布斯以前遇到麻烦时也哭过，但这一次不同。他在震惊中发现，自己被董事会遗弃了！马库拉和亚瑟·罗克，都是他心目中父辈般的人，他不明白为什么他们要弃他而去。

乔布斯自我反省了几天，思考自己究竟错在什么对方。他很痛苦，但不甘心就此退出舞台。如果失去了 Mac 项目的领导权，自己就完全被悬空了。苹果公司的董事长只是一个虚名，就像印在气球上的一个 Logo（标志）。

乔布斯也想过与斯卡利和解来缓和矛盾，于是，他亲自去斯卡利家里，向他求和。乔布斯表示，自己只有 30 岁，还想有机会开发新电脑，但是如果被踢出局，在苹果公司里就没有实现梦想的机会了。

他说："我觉得，咱俩都可以留下来，为苹果公司的发展效力。"

斯卡利回答道："我们给你开发新电脑的机会，但你不能再负责 Mac 项目。这是董事会的决定，我必须执行。"

"你看着办吧。"乔布斯撂下一句话就走了。

5 月底，斯卡利要去中国出差，与中方签署出口电脑的协议。本来邀请函是发给乔布斯的，但斯卡利说由他去签协议。乔布斯说："好吧，你去。"签约的时间是 5 月的最后一个周末，地点在人民大会堂。

乔布斯认为这是一个千载难逢的机会，他想趁机发动一次绝地反击，把斯卡利打翻在地。成败在此一举，而关键是要争取董事会的多数支持。乔布斯暗中策划，说动了一些董事，准备在那个周末聚集到马库拉家里，对斯卡利进行弹劾，然后通过投票革除斯卡利的职务。乔布斯很会鼓动人心，他是个天才的说客和讲演家，可以把一个梦境吹得亦真亦幻、天花乱坠，但他绝不是阴谋家，不善于搞阴谋诡计。他把计划悄悄告诉了默里和几个心腹。

“斯卡利在中国的时候，我要发动政变。”

他们听后都守口如瓶，怀着兴奋的心情惴惴不安地期待着。默里认为，董事会多数人都站在斯卡利那边，乔布斯的胜算不大，但乔布斯执意要干。

乔布斯在停车场开车时，无意间把此事透露给了让-路易·卡西。他也许是在提劲，也许是想拉拢对方，但乔布斯太天真了，因为这个法国人调来苹果总部，就是准备接任他的。当天晚上，斯卡利和苹果的法律顾问艾森斯塔特一起吃烧烤时，让-路易·卡西也在场。他指着斯卡利的胸口说：“如果你明天启程去中国，就会被取代。乔布斯正密谋除掉你。”

斯卡利听了此话大吃一惊，立即取消了中国之行。

5月28日，也就是第二天上午，在苹果的高层管理人员会上，斯卡利当着众人的面，愤怒地质问乔布斯：“听说你想把我赶出公司，我想问问你，这是真的吗？”

乔布斯知道事情已经败露，但他面不改色地说：“是的，我认为这是最好的解决办法。”

“凭什么？你以为你能得逞吗？”斯卡利气急败坏地说。

“就凭你是我请来的，可惜我瞎了眼，捧来了一个漏油灯。你只知道卖糖水，根本不懂电脑，不懂什么是信息产业的经营之道，当然更不懂如何改变世界……”

整个会场寂然无声，空气紧张得仿佛有一颗火星就会爆炸。

斯卡利被戳到了痛处，说话结巴起来。

“你、你、你……你怎么这么讲！”

镇静片刻之后，他使出了最后的杀手锏，当众宣布：“根据5月11日董事会的决定，我现在正式宣布：免去史蒂夫·乔布斯负责Mac研发组的职务，由让-路易·卡西来接替他的工作。此决定由宣布之时生效。”

乔布斯愤怒地吼道：“你没有资格罢免我！我是董事长，现在我就要开除你！”

斯卡利回敬道：“谁开除谁，咱们就走着瞧吧！”

乔布斯忍无可忍，愤然离开了会场。斯卡利回到办公室，向所有董事一一打电话报告，已执行董事会的“5.11”决定，正式解除乔布斯的职务，董事们对他的做法表示支持。然后，斯卡利打电话给乔布斯，语气客气地向他通报了董事们的意见。至此，乔布斯明白一切已无法挽回。

当天晚上，默里接到乔布斯的电话。

“一切都完了，斯卡利联合董事会把我赶出了苹果公司。”

话筒里的声音暗哑、无奈，透着些许悲凉。

默里想安慰他几句，但电话咯的一声挂断了。默里再打电话过去，但乔布斯却不接了。默里搁下话筒，心情很沉重。他放心不下，怕乔布斯想不开，于是连夜驱车赶到乔布斯的住处。

乔布斯的寓所一片漆黑。默里爬上二楼，轻轻推开卧室的门，发现乔布斯一个人默默地坐在地板的垫子上。房间里空荡荡的，几乎没有任何家具。

默里走上去，心中一阵酸楚。两人抱着痛哭起来。

6月1日，美国媒体争相报道了乔布斯被赶出苹果的消

乔布斯在家里独自打坐

息。《旧金山纪事报》《旧金山观察家报》《圣何塞信使报》等报纸都在头条作了报道。

——苹果公司创始人乔布斯被突然免职！

——苹果之父乔布斯遭遇滑铁卢，昔日风光不再。

——乔布斯被踢出局，苹果将何去何从？

乔布斯避开了媒体记者的采访，只和少数亲友说明了情况。他的父母保罗和克拉拉很担心他的情绪。乔布斯安慰他们说自己没有问题，其实他是独自一人躲在家里舔舐伤口。晚上，乔布斯打开录音机，反复听着鲍勃·迪伦的《在风中飘荡》，不禁泪流满面。

当年他和沃兹一起弹着吉他唱过的歌，此刻听来，如泣如诉：

一个男人要走多少条路，
才能将其称作男人？
一只白鸽要飞越多少海洋，
才能在沙滩上入眠？
大炮要射出多少炮弹，
才会被永久封存？
朋友，答案在风中飘荡，
答案在风中飘荡！

一座山要屹立多久，

才会被冲进海洋?
一个民族要生存多久,
才能获得自由?
一个人要扭多少次头,
才会假装看不见?
朋友,答案在风中飘荡,
答案在风中飘荡!

乔布斯决定暂时离开硅谷这个伤心之地,出去作一次商业旅行。

从6月下旬到7月初,从法国巴黎、意大利佛罗伦萨到瑞典都留下了乔布斯的足迹。他还去了一趟莫斯科,因为苹果电脑刚获准出口苏联。乔布斯一面为苹果公司作宣传,一面反思自己。他的心中仍然存着幻想,希望能留在自己一手创办的公司里,继续为苹果公司作贡献。他在接受瑞典记者的采访时说:"我并不是一个天生就喜欢追求权力的人,我只在乎苹果公司的发展。我把所有的精力都放在研发电脑上,为了苹果公司更好的发展,我可以奉献自己的一切。如果苹果公司需要我去扫地,我可以去扫地;需要我去清理厕所,我也可以去清理厕所。"

但这只是他的一厢情愿。回到库比蒂诺不久,乔布斯的办公室就被搬到一个远离苹果总部的小楼里,他被名副其实地扫地出门了。乔布斯知道斯卡利有自己的新号码,他给公司的熟人挨个打电话，告诉他们自己的新号码，希望大家能联系上自己。“不管以什么方式，我都希望对公司有所贡献。在需要的时候，请打电话给我。”对方都客气几句，但很少有人打电话给他，仿佛一夜之间，他成了和苹果公司毫不相干的人。

夏天，在一次苹果的股东大会上，斯卡利当着上千股东的面一字一顿地说：“在苹果公司里，没有任何一个职位适合乔布斯，现在没有，以后也不会有。”

斯卡利的话传开后，乔布斯非常震惊，这不啻是对他的最后一击。乔布斯谈起当时的感受：“这不是当头一棒，而是在你肚子里用拳头打你，简直把你打得不省人事，让你痛得无法呼吸，你越是想呼吸，就越是无力呼吸。”他明白，自己与斯卡利已经恩断义绝了。

世间并没有后悔药可吃。但具有讽刺意味的是，他请来了斯卡利，斯卡利却把他赶出了自己创立的苹果公司。就这样，在30岁时他被炒了鱿鱼。在而立之年，他生命的全部支柱离自己远去，这真是毁灭性的打击。乔布斯的情绪跌落到最低点，他不想和人说话，常常一个人在树林里漫无目的地走来走去。

许多年后，谈起赶走乔布斯，斯卡利感慨地说：“也许，当年赶走乔布斯是一个错误。也许，他应该来当CEO，而我应该去当董事会主席。后来，我自己也无法继续担任CEO时，我又犯了第二个错误，就是没有把乔布斯请回来当

CEO。”

记者采访乔布斯，他的回答是:“很多年来，苹果追求的是让每个人都拥有电脑，追求的是产品和用户体验。……但是，苹果从斯卡利开始，人们就失去了最高的追求。因为他们的目的变得越来越现实，从产品和客户驱动变成了利益驱动。最最重要的一点是，公司的价值观变了，从制造世界上最好的电脑变成了赚最多的钱。”

乔布斯痛心地说:“是斯卡利毁了苹果!”

生命下一站

SHENGMINGXIAYIZHAN

新公司 NeXT

SHENGMINGXIAYIZHAN

乔布斯不甘心就此沉沦，他才 30 岁，总需要做些什么。

他一时异想天开，想去美国国家航天局工作，这显然是受了美国阿波罗号登月的影响。16 年前，阿波罗 11 号载着三名美国宇航员，实现了人类第一次登月的梦想。身穿宇航服的阿姆斯特朗，扶着登月舱的阶梯第一个踏上月球，他激动地说："对我来说，这是一小步，对人类来说却是一大步。" 这句话后来成了人类征服宇宙的名言，全世界为之雀跃。宇航员们三天后返回地球，受到了英雄般的欢迎。电视上播出的情景让乔布斯终生难忘。大约是受此激励，乔布斯也想当一名航天英雄，去探索宇宙奥秘。

他特地乘飞机去华盛顿，到美国国家航天局报名，航天局的一位魁梧的官员接待了他。听乔布斯说明来意后，这位官员告诉他，宇航员需要特殊的身体条件和超常的心理素质，从 100 个战斗机飞行员里也难选出一个来。

"你当过战斗机飞行员吗？"

"没有。" 乔布斯回答。

"那你就别做梦了。"

乔布斯沮丧地回到库比蒂诺。宇航员做不成了，那做什么呢？在彷徨踌躇中，有一天他忽然来了灵感——嗨，可以从政！对，竞选参议员、州长、总统！

于是，乔布斯找到一家咨询顾问公司，请他们为自己设计从政之路。这家咨询公司曾为前加利福尼亚州州长杰里·布朗做智囊，帮助他竞选获得成功。杰里·布朗笃信佛教，乔布斯对他印象不错。咨询公司的老总是个策划大师，额头宽大、微秃，目光如炬，模样颇像电脑之父冯·诺依曼。乔布斯虔诚地向他请教。大师告诉他，从政必须具备四个条件，乔布斯问是哪四个条件。

大师问乔布斯："你有钱吗？" 竞选参议员要花好多钱。

乔布斯说："钱我有。"当然，苹果公司的老板肯定很富有。

"你会蛊惑人心吗？" 大师又问。

乔布斯犹豫了一下，回答说："我会鼓动人心，这是我的长项。"

"那好，我再问你，这是什么颜色？" 大师指着桌子上的白色瓷杯问。

"白色。"乔布斯回答。

"不对，这是黑色。" 大师纠正道。

"为什么说是黑色，这明明是白色呀！"乔布斯坚持道。

大师诡谲地一笑说："要做政客，你必须颠倒黑白，左右视听。"

"那不是有点厚颜无耻吗？"乔布斯说。

"嘿嘿，哪一个政客不是谎话连篇哟！"说完，大师再问，"你的政治背景怎么样？"

“我没党没派。”乔布斯坦白地说。他既没有参加里根总统的共和党，也不是民主党党员。

大师告诉他，没有党派做后盾，想得到选民的支持是很困难的。

“这样看来，从政的四个条件，你只具备两个，呵呵。”

“此路不通。那我究竟适合做什么呢?”从咨询公司失望地回来，乔布斯苦思冥想。

宇航员高不可攀，参议员也难做，那还是干点实事吧。乔布斯拿出一张纸，在上面写下一些自己关心的事。他发觉，自己最关心的还是苹果公司和苹果电脑——这是他 10 年的心血、10 年的生命，尽管自己已被苹果扫地出门。此外，乔布斯还关心电脑在学校里的普及，他想起原来的一个设想——创立苹果教育基金。于是，乔布斯根据这个想法，创建了一个名叫“孩子不能等”的项目（有点像中国的“希望工程”），为美国的每一所学校捐赠一台电脑。后来，加利福尼亚州的每一所学校都得到了一台赠送的苹果Ⅱ电脑，总共有 1 万台。

8 月的一天，乔布斯打电话给斯坦福大学的生物化学家保罗·伯格，约他一起吃午饭。保罗·伯格是 1980 年的诺贝尔化学奖得主，在一年前欢迎法国总统密特朗的宴会上，乔布斯和他有过一面之缘。约会的地点，就在斯坦福大学旁边的一家咖啡馆。乔布斯和保罗·伯格一边品尝蓝山咖啡，一边吃着比萨饼，两人谈得很投机。保罗·伯格告诉乔布斯，他正在研究人类基因修复项目。

“在生物实验室做实验难度很高，”保罗·伯格说，“有时候做一个实验，要等几周才能得到数据。”

“为什么不在电脑上做模拟实验呢？”乔布斯问，“这样效率可以提高很多，而且斯坦福的新生们有一天都会用到‘保罗·伯格基因重组软件’。”

“这敢情好。”保罗·伯格笑着说，“可是对大学实验室来说，具备这种功能的电脑太贵了。”

乔布斯眼睛一亮，兴奋地说：“我可以创建一家新公司，专门为大学用户研究电脑工作站。”

保罗·伯格后来跟别人说，他当时感觉到乔布斯身上的活力被激活了。“他很年轻，也很富有，因此要为以后找点事做。”

两年前，乔布斯就关注过这种以大学为市场、功能强大的电脑。他曾经带着 Mac 电脑到一所大学的计算机系作市场调查，对方说 Mac 是普及产品，而研究人员的梦想是拥有一台功能强大的个人电脑工作站。乔布斯回去后就推出了一个新项目，着手研究这种电脑，简称“大 Mac”。他被逐出 Mac 研发组后，这个项目就夭折了。

同保罗·伯格的谈话，让乔布斯心中燃起了重新创业的热情。正如他后来在斯坦福大学的一场演讲中所说：“我渐渐发现了曙光——我一直深爱着这项事业。在苹果公司发生的这些事情，丝毫没有改变我的初衷。我被赶出了 IT 界，但我仍然钟爱它，所以我决定从头再来……”

决心已定。1985 年 9 月 12 日，乔布斯在苹果公司的董事会上宣布，他将辞去苹果公司董事长一职。实际上，他已经几个月没有参加董事会了，这一次他是有备而来。

乔布斯站起来，对诸位董事平静地说：

经过慎重考虑，该是我作出人生选择的时候了。我才 30 岁，我并不想成为某个领域无所不知的人物。我是一个普通的人，但我希望能成就一番事业。今年夏天，有三所大学想聘我当教授，我对他们说，我可能是一位非常糟糕的教授。

我最擅长的事情就是召集一群天才，和他们一起开发产品。我尊重苹果公司的选择，但对我个人而言，我还是想设计出更多的产品。如果苹果公司容不下我设计自己的产品，我就会像以前一样单干，我会开拓属于自己的地盘。要知道，当初苹果公司创业时，也是在车库起步的。

现在，苹果公司在我的带领下已发展成资产达 15 亿美元的大公司了。我不会在自己脸上贴金，我也没有给任何人带来多么大的荣誉。在苹果公司，我度过了一生中最值得留恋的 10 年，我对自己做的事情从来没有后悔过。在以后的岁月里，我还要继续我所热爱的生活。

在座的人谁也没有料到乔布斯会辞去董事长一职，马库拉、斯卡利和亚瑟·罗克的脸上都露出惊愕的表情。

但是乔布斯的语气坦诚，饱含深情，听起来既是一篇精心准备的告别演说，又是肺腑之言，董事会不少成员为之动容。乔布斯还透露，自己正在筹划成立一家新公司，目标瞄准了大学市场。他还说，也许会带走几个工程师，不过不会给苹果公司造成损失，因为这些人本来就打算离开的。

乔布斯说完后，马库拉请他暂时离席。董事会进行了内部讨论，半个多小时后，大家重新归位。斯卡利告诉乔布斯，苹果公司对他的新项目很感兴趣，愿意购买乔布斯新公司10%的股份。如果乔布斯不做苹果董事长了，也会让他留在董事会里。斯卡利的态度出乎意料的友好。

“让我考虑一下。”乔布斯回答说，“我会很快通知你我最终的决定。”

说完，乔布斯扬长而去。

当天晚上，乔布斯在家里召集5个新公司的成员，向大家通报了董事会的情况。这5个人全是苹果公司的高层，都愿意追随乔布斯去开辟一片新天地。听乔布斯说已经宣布辞职，都很兴奋，个个跃跃欲试。乔布斯说，他愿意接受苹果公司10%的投资，但大伙儿认为没有这个必要，最好和苹果公司一刀两断，越快辞职越好。

第二天清晨，乔布斯驱车来到苹果公司，他走进斯卡利的办公室，递上一张5人辞职的名单。斯卡利接过一看，名单上的5个人都是公司的重量级人物：第一个是佩奇——苹果公司的高级工程师、特别荣誉员工；第二个是克劳——顶级的电路系统专家；第三个是特里布尔——Mac的软件开发工程师；第四个是卢因——苹果电脑在高校市场的重要人物；第五个是苏珊，苹果公司营销部的财务总监。

斯卡利顿时傻了眼，脸色骤变。待乔布斯离开后，斯卡利气急败坏地打电话给马库拉，说被乔布斯骗了。“他挖走了苹果公司5个高层员工！”

在当天上午的管理层会议上，斯卡利宣布有5个“叛逆者”要离开公司，全场哗然。会场里弥漫着一种令人恐慌的气氛，仿佛即将引发一场地震。有点喜剧的是，斯卡利当场叫保安把5个“叛逆”的高层押出了苹果公司。这5个弃暗投明的“海盗”，一边扮着鬼脸，一边大摇大摆地走出苹果大楼。

9月13日，整个IT业都被这则消息震撼了：乔布斯辞去了苹果公司董事长一职！

次日，苹果董事会发表声明，指控乔布斯违反了在董事会上自己的保证，擅自挖走了高层员工，对苹果公司的技术机密造成威胁，苹果公司将保留进一步诉诸法律的权力，等等。

乔布斯作出果断答复。他向马库拉提交了一封措辞严正的书面辞职信，并将这封信在媒体上公布。乔布斯还向众多的媒体记者发表声明，澄清真相。

愤怒的乔布斯替自己辩护的一句话，赢得了舆论的普遍同情。

他说:“奇怪的是，一个拥有20亿资产和4300名员工的公司，竟然害怕一家仅有6个身穿牛仔裤的员工创建的公司。”

几天以后，乔布斯宣布了自己的新公司名称：NeXT，它的中文意思是“下一个”“接下来的”。这透露出乔布斯的雄心：打造下一代电脑，引领IT产业的新潮。开始几个月，新公司员工就在伍德赛德的乔布斯公寓里工作。身穿牛仔裤、花格衬衣的乔布斯，和员工们在地毯上席地而坐，愉快地讨论NeXT电脑的设计思路。一家电视机构特地拍摄了一部专题片《创业者们》，介绍乔布斯和NeXT公司这段时间的活动，引起了风险投资家的浓厚兴趣。后来，NeXT公司搬到帕洛阿尔托市的斯坦福大学园区，离施乐公司总部不远。

至爱亲情

SHENGMINGXIAYIZHAN

离开苹果公司后，乔布斯在几个月里卖掉了650万股苹果股份，这几乎是他拥有的全部苹果股份。这表明乔布斯决心与过去做个彻底了断，他要从头开始。到1986年初，乔布斯卖光了手中的全部苹果股份，最后只保留了1股。据乔布斯说，这是为了继续收到苹果公司每年的经营报告。虽然苹果和他已经恩断义绝，但他对苹果多多少少还有一丝牵挂。

卖掉苹果的全部股份，乔布斯获得将近1亿美元的现金。他将700万美元投入新公司NeXT，随后还吸收了部分风险投资。不过，这次他学乖了，融资很谨慎，为的是确保自己是NeXT公司唯一的大老板，以避免重蹈苹果的覆辙。

除了创建NeXT电脑公司，乔布斯还用1000万美元收购了卢卡斯影业公司的动画工作室，取名“皮克斯（Pixar）”公司。一时间，他成了两家公司的老板，前者的目标是研发新一代电脑，后者纯属出于对三维动画制作的兴趣和超前意识。而这两家公司都是烧钱机器，只有投入，没有产出。

乔布斯对新公司的期望很高，他决定为NeXT设计一个世界级的徽标。为此，他特地请来耶鲁大学教授保罗·兰德。保罗·兰德是位平面设计大师，TBM（国际商业机器公司）、ABC（美国广播公司）、UPS（联邦快递）这些国际著名公司的徽标都出自他之手。这位兰德教授已71岁高龄，身体健朗、鹤发童颜，但脾气很倔。他答应为NeXT设计徽标，设计费要10万美金，必须预付，而且他只设计一个方案，没有备选的。如果乔布斯对该方案不满意，他不负责修改。虽然条件苛刻，但乔布斯还是接受了。

兰德大师问乔布斯：“对新公司的标志，你有什么构想吗？”

乔布斯回答：“NeXT电脑是一个立方体，这是要点。”

大师鼓着眼睛，透出些许疑惑。

“立方体？”

“是的。我挺喜欢这种形状，完美而简单。”乔布斯解

NeXT 徽标

释道。

老头寻思了一下，然后颔首，表示领会了委托人的意思。

半个月之后，保罗·兰德完成了设计。新公司的徽标是一个黑色的立方体，形状像玩具魔方，倾斜 28°角，上面有 NeXT 的四个彩色字母，颜色分别为红、黄、绿、紫。保罗·兰德在设计手册里写道：“从设计、色彩搭配和定位看，这个徽标就是对比的杰作。倾斜角度活泼、漂亮，它别致、随和，又具有橡皮图章般的权威感。”

乔布斯盯着样稿看了好一阵，最后与保罗·兰德拥抱，表示对设计的认可。

乔布斯对设计只提了一点意见，希望把“e”的深黄色改成明黄，但兰德老头不同意，他拍着啤酒肚自信地说：“我干这行 50 年了，我清楚自己在做什么。”乔布斯最后妥协了。于是，这个“黑色方块”成了新公司的徽标。

平心而论，这个徽标设计得不怎么样，花 10 美元就能设计出来。所以，对大师也不能盲目崇拜。只要比比看就知道了：“咬掉一口的苹果”徽标活泼、生动，有亲切感；而这个 NeXT 的“黑色方块”徽标，不知为什么，看上去总觉得有点怪诞，甚至是不祥的感觉。后来的事实表明，它就像魔咒一样，伴着乔布斯走进了一段黑色岁月。

就在乔布斯忙着新公司开张的时候，他的母亲克拉拉病倒了。克拉拉有长期的吸烟史，一段时间以来就感觉胸痛，有时会突然发生干咳和呛咳，而且痰里带血，到医院检查时，发现已是肺癌晚期。保罗为此痛苦不已。

乔布斯请了最好的医生为母亲治疗。手术之后，母亲极度虚弱，乔布斯一直陪在她的病床旁。母亲弥留之际，告诉乔布斯一个小秘密。她说自己嫁给保罗之前曾经结过婚，新婚丈夫上了前线就再也没有回来。母亲还对乔布斯谈起他当年被领养的事。

“你的亲生母亲只有 23 岁，她很爱你，要求保罗和我保证让你上大学。”

“不，妈妈，你就是我的亲生母亲。”乔布斯的眼里噙满泪水。

“她很漂亮，又有文化，可惜几年后我们就失去了联系……”

克拉拉继续说着，气若游丝。她脸色苍白，表情平静，直到生命的最后一刻，清澈的眸子里还透着爱意。她操劳了一辈子，还没有来得及享福，就撒手而去了。乔布斯非常悲痛。

在乔布斯的潜意识里，多年来一直有个声音在徘徊:“我从哪里来？我亲生的父母究竟是谁?”

就在几年前，乔布斯曾经雇过一个私家侦探，悄悄寻找自己的生母，但是没有找到任何线索。后来，乔布斯无意中看见了自己的出生证，上面有一个旧金山医生的签名。乔布斯从电话簿上查到这个医生的号码，拨通了医生的电话。

“喂，我是史蒂夫·乔布斯。”他的声音因激动有些颤抖，“我想查询一下贵医院1955年2月24日的出生记录……”

“1955年2月24日的出生记录？”听筒里传来一个苍老的声音，仿佛来自天外。

“是的，2月24日！”乔布斯急不可待地说。

“哦，那一年的出生记录在一次火灾里被烧毁了，真是抱歉。”对方致歉的声音有点沙哑。

这条线索就此断了。乔布斯很失望。

乔布斯并不知道，接电话的这个医生就是当年为他生母接生的大夫。他知道领养程序是保密的，医生不能泄露孩子生母的任何信息。这是行规，也是医生的职业道德。这个宽厚仁爱的医生已是迟暮之年，他担心这个男孩的出生之谜会被自己带进坟墓，于是写了一封密信，交给妻子保存。信封上写着：“我死后交给史蒂夫·乔布斯。”

不久，医生去世，医生的遗孀把信寄给了乔布斯。

信中说，乔布斯的生母是来自威斯康星州的一名未婚研究生，她的名字叫乔安妮·席贝尔。

乔布斯雇了另一个私家侦探，几个月后终于找到生母的下落。

在把乔布斯送人后几个月，脾气暴躁的父亲亚瑟·席贝尔病故了，乔安妮·席贝尔的结婚禁令也就自然解除。圣诞节后不久，乔安妮·席贝尔和乔布斯的生父在威斯康星州格林贝市一座天主教堂里完了婚。乔布斯生父的名字叫阿卜杜勒法塔赫·钱德里。他们后来又生了一个女儿，名叫莫娜。在莫娜5岁时，阿卜杜勒法塔赫·钱德里抛弃了她们母女俩。乔安妮·席贝尔后来嫁给了一个滑冰教练乔治·辛普森，可惜这场婚姻也没有维持多久。此后，乔安妮·席贝尔带着莫娜到过许多城市，最后在洛杉矶定居下来。

乔布斯对养父母保罗夫妇有着很深的感情，他不愿让他们知道自己在寻找生母，怕他们不高兴。待母亲克拉拉去世后，乔布斯才告诉父亲这件事。保罗表示完全可以接受，并说乔布斯可以和生母取得联系。

于是，乔布斯给乔安妮·席贝尔打了电话。

“喂！喂！……您是乔安妮·席贝尔吗？”乔布斯的声音有些激动。

“嗨，我就是乔安妮。你是哪位呀？”

听筒里传来一个女性热情的声音，那声音仿佛在梦里多次出现过。31年来埋藏在心底的情感，终于在这一刻爆发出来。

“我是史蒂夫·乔布斯。我是你的儿子！”乔布斯泪流满面。

几天后，乔布斯飞到洛杉矶去见乔安妮·席贝尔。乔布斯对朋友说：“我想见我的生母，主要是想看看她过得好不好。我还要感激她，我很高兴我没有被堕胎。她当时23岁，为了把我生下来受了很多罪。”

乔安妮见到乔布斯激动不已。她不敢相信年轻富有、远近闻名的史蒂夫·乔布斯，竟然是自己的儿子。她啜泣着，不停地解释当年所承受的压力。她还说，她是在确信儿子在养父母家过得很幸福才签字的，她一直很想念他。乔布斯一个劲儿地安慰她说，他知道她所承受的痛苦。

乔安妮告诉乔布斯，他还有个亲妹妹叫莫娜，在曼哈顿，是个作家。

乔布斯很想见见这个亲妹妹是什么样子。于是，乔安妮陪着他一起飞到纽约。莫娜在一家名叫《巴黎评论》的小杂志社工作，刚写完小说《在别处》。乔布斯和她在一家酒店大堂里会的面。莫娜也是一头棕色的头发，穿一件简朴的夹克衫。乔安妮事先没有告诉莫娜她哥哥是谁，只说他很有名，曾经是个穷小子，现在很有钱，长得很帅，住在加利福尼亚州。莫娜没有想到，妈妈说的帅哥竟然是苹果创始人史蒂夫·乔布斯，她又惊又喜。兄妹俩一见如故。

乔布斯的亲妹妹莫娜

乔布斯很喜欢莫娜的率真和才气，但批评她的着装太不讲究。莫娜俏皮地说："我是个青年作家，这就是我的生活，我又没想当模特。"

“嘿嘿，女孩子总要穿得漂亮点吧。”

乔布斯回到加利福尼亚后没多久，就给莫娜寄了一箱著名设计师制作的衣服，颜色、尺寸、品味都很适合莫娜。这个妹妹逢人便说，这是哥哥寄给我的。别人羡慕地问:“你哥哥是谁呀?”莫娜总爱偏着脑袋一笑:“你们猜猜看。”

乔布斯也喜欢对苹果的同事们说:“我妹妹是个作家，她写的小说很棒!”

1986年底，莫娜的小说《在别处》出版。乔布斯特地飞到纽约，参加新书发布会。这部小说带有一定的纪实性，记录了她和母亲从威斯康星州流落到洛杉矶的经历。发布会结束后，莫娜兴奋地告诉乔布斯，她找到他们的生父阿卜杜勒法塔赫·钱德里了。

“是吗?”乔布斯问。

莫娜说她雇了一个能干的私家侦探，通过车辆管理局的档案记录，搜索到了阿卜杜勒法塔赫·钱德里的地址，就在加利福尼亚州萨克拉门托市。这个地方离旧金山只有110千米。

乔布斯的反应很冷淡，说不想见他。“他没有善待我，也没有善待莫娜，还抛弃了她们母女俩。”乔布斯对朋友说。

莫娜独自乘飞机来到萨克拉门托市，在一家小餐馆里见到了钱德里。54岁的钱德里是这家小餐馆的经理。父亲见她意外来访，很高兴。父女俩分离了23年，他们聊了很长时间。钱德里告诉莫娜，他离开威斯康星州后做过一段时间教学工作，后来投身于餐饮业。他的第二次婚姻很短暂，后来

乔布斯的生父钱德里

又和一个有钱女人结了婚，维持的时间要长一些，但没有孩子。现在是孤身一人。

钱德里还告诉莫娜，在她之前，他和她母亲曾经有过一个男孩，但后来送人了。

“他后来怎么样啦？”莫娜问。

钱德里说：“我们再也没有见过这个孩子。他可能已经不在了。”莫娜一冲动，差点说了出来，但她克制住了。

乔布斯事前告诉过莫娜，不要提起他，所以莫娜没有说自己找到了哥哥。

但钱德里不经意间说起了硅谷，他对莫娜说：“你要是早点来找我就好了，我原先在圣何塞市有一家更大的饭馆，叫地中海餐厅。所有硅谷的成功人士都到那里吃饭，甚至包括大名鼎鼎的史蒂夫·乔布斯。对了，他人很友善，给的小费很多。”

莫娜听到这话惊呆了，差点脱口而出：给小费很多的史蒂夫·乔布斯，就是您的儿子！

从小餐馆出来，莫娜立即拨通了乔布斯的电话，告诉他见到父亲的情形，并说乔布斯曾在圣何塞市的地中海餐厅与钱德里见过面。乔布斯听后很惊讶。他回忆起那家餐厅的老板，是个叙利亚人，很和善，他们还握过手。

这太神奇了！上帝竟然安排他们父子俩擦肩而过。但是乔布斯还是不愿认钱德里，反正上帝已经让他们见过面了，也许这就是天意。

这件事，钱德里一直被蒙在鼓里，直到多年后，钱德里才在网上的一篇博文里发现了这个秘密。莫娜在一本书里把钱德里称作父亲，他通过那个博客猜到，他一定也是乔布斯的父亲。钱德里后来见到莫娜时，问她这是不是真的。莫娜回答说是真的，但是乔布斯没有兴趣见他。钱德里有点感慨，沉默了一阵，说他接受这个事实。此后，他再也没有提起这件事。可怜的父亲！

或许是生父的辛酸经历点拨了自己，31 岁的乔布斯仿佛参透了人生。他重新审视自己对待私生女丽莎的冷漠和不负责任，颇有悔意。事实上，在策划“丽莎”电脑

乔布斯和 9 岁的女儿丽莎

的时候，乔布斯已经开始反省。一个连亲人都不爱的人，他能爱人类吗？改变不了自己的人，也不可能改变世界。

就是在这个时候，乔布斯公开承认丽莎是自己的女儿。他经常开车去看她，询问她的功课或带她去餐馆吃饭。丽莎很喜欢吃烤鸡，乔布斯就让她吃个够，虽然他自己是个素食者。

黑色机器

SHENGMINGXIAYIZHAN

为了打造新公司 NeXT 的形象，乔布斯出手阔绰。他要让人看见，自己离开苹果后创立的新公司不会丢份子，绝对上档次。乔布斯在帕洛阿尔托市租了一栋小楼，作为 NeXT 总部。楼房本来是新建的，装修也不错，但乔布斯指示把内部设施全部拆了重建，所有墙壁换成玻璃，地毯换成了红木地板。装修完工后，大楼里里外外明亮时尚，确实豪华高档，但钱也烧掉不少。

一次，比尔·盖茨来造访 NeXT，乔布斯让他在大堂里等候。比尔·盖茨看见乔布斯在玻璃墙里对部下指手画脚，俨然玻璃王国里的国王，对此颇有微词。比尔·盖茨回忆说："我到 NeXT 总部，喝了最贵的奥德瓦拉牌胡萝卜汁，见识了最豪华的科技企业办公室。不过，乔布斯让我们等了半个小时。"

比尔·盖茨是来同乔布斯商谈合作的。乔布斯想请微软公司为 NeXT 电脑开发应用软件，但比尔·盖茨看了 NeXT 样机后，不留情面地说："这款机器就像垃圾。光驱反应迟缓，机箱也太贵。整个东西简直不可思议。"

创办新公司 NeXT 的乔布斯

乔布斯素来认为比尔·盖茨缺乏教养，举止粗俗，所以对他的挖苦并不介意。他信心十足，竭力说服比尔·盖茨。

"我相信 NeXT 将引领计算机产业的下一波浪潮，我们一起做，肯定很棒。"但软件巨头不为所动。

实际上，比尔·盖茨觉得 NeXT 电脑"是一台超级棒的电脑"，只不过他不赞成乔布斯的设计理念。乔布斯主张新产品的硬件、软件一体化，他要创造出独一无二的产品——软件和硬件都与其他机器不兼容的电脑。而比尔·盖茨推崇各家公司生产的电脑相互兼容——都采用微软的 Windows 操作系统，这样微软公司就能获取最大的利益。

比尔·盖茨不愿合作，乔布斯就自行开发 NeXT 的应用软件，这需要投入大量的人力和财力。乔布斯宣称，第一台

NeXT 电脑将在 18 个月内问世，但研发的进度未能达到预期计划。不到一年，乔布斯投入的 700 万美元已所剩无几。

1986 年底，乔布斯开始寻求风险投资。他开出的招股价位是 300 万美元，可购买 NeXT 公司 10%的股份。也就是说，整个公司估价为 3000 万美元，这当然是乔布斯自己估的价。他投入的真金白银也就 700 万美元，其余 2300 万美元算是“无形资产”。这时的 NeXT 公司没有产品，没有收入，也没有即将发布新产品的迹象，相反每天都在烧钱。一般的风险投资公司都采取旁观态度。

有一个名叫罗斯·佩罗的风险投资家，却看好 NeXT 公司。这位得克萨斯州的亿万富豪 56 岁，是个传奇人物。他矮小、精瘦，曾是美国海军少尉，富有冒险精神。他曾经一手创办全球最大的计算机服务公司 EDS，后来以24 亿美元的价格将该公司卖给美国通用汽车公司。也是这位罗斯·佩罗，1992 年以无党派人士身份自掏腰包参加美国总统竞选，与克林顿、布什同台辩论，场面颇为火爆。

1986 年 11 月，佩罗偶然看到美国 PBS 电视公司播出的专题片《创业者们》，他为乔布斯率领的一群年轻人创业的激情所打动。第二天，佩罗就打电话给乔布斯说：“如果你需要投资，可以打电话给我。”

乔布斯正在为缺乏资金犯愁，却意外接到佩罗的电话，犹如天上掉下一个馅饼。但精明的乔布斯并没有马上回话，而是拖了一个星期才给佩罗回电，说欢迎他来投资。7 年前，比尔·盖茨曾经拜访过佩罗，和他商谈投资微软公司的事，佩罗很后悔当时没有收购微软或者购买大量股份。结果就在1986年3月微软股票上市，市值高达10亿美元。佩罗很后悔错过了发大财的机会，这一次他不想重蹈覆辙。

佩罗亲自来到NeXT总部，和乔布斯商谈投资事宜。乔布斯给佩罗开出的参股条件，比给其他风险投资人开出的条件要苛刻得多，但佩罗一口就答应了。

双方达成协议：乔布斯再投入500万美元后，佩罗投入2000万美元，获得NeXT公司16%的股份。这意味着，NeXT的估价将达到1.26亿美元。乔布斯的“无形资产”因此大大增值。

佩罗说:“钱不是问题。我挑选骑师，骑师挑选赛马并驾驭它们，你们就是我赌的骑师，我相信你们是最棒的!”

佩罗投入的2000万美元，解了NeXT的燃眉之急。不仅如此，这个有趣的小老头还给NeXT公司当起了义务宣传员。

他对《纽约时报》说:“我在计算机行业摸爬滚打了25年，就创业公司而言，这是我见过的风险最小的企业。”记者问他，对NeXT公司印象如何，佩罗回答说:“我请一些专家看了硬件，他们都被镇住了。史蒂夫和整个NeXT团队是我所见过的最厉害的完美主义者。”

这一点佩罗说对了，乔布斯的确是个“最厉害的完美主义者”。

乔布斯不断调整对新电脑的定位。乔布斯带着负责营销的卢因，走访全国的高校作调查。开始他要求新产品是一款性能超群、价格低廉的教育型电脑。后来他发觉这根本不可行，于是放弃了低价位，以确保新产品是款功能强大的电脑工作站。乔布斯还决定，公司既生产电脑硬件，也开发软件——既然比尔·盖茨不领情，NeXT 公司就自己干。乔布斯从卡内基·梅隆大学挖来软件高手阿维·特凡利安，负责 NeXT 电脑操作系统 NeXTSTEP 的开发——算是回敬了软件巨头的“傲慢”。乔布斯对媒体说：“NeXT 公司只要 3 个人，就能完成微软 200 人干的活。”

电脑的硬件则由佩奇负责，他是跟着乔布斯从苹果辞职的五人之一。

经过两年多的奋战，NeXT 电脑的首台样机终于完成。

1988 年 10 月 12 日，NeXT 公司在旧金山的戴维斯交响乐厅举行了新电脑发布会，有 4500 名教育界、电脑业的来宾和媒体记者出席会议。

展示的舞台经过精心设计，极尽简约庄重的风格。背景是黑色的，展台桌罩着一块黑布，桌子中央放着新电脑，上面披着黑色天鹅绒，旁边摆着一束淡雅的鲜花。

乔布斯充分发挥他的演讲才能，向来宾隆重宣布：“我们造出了最好的电脑，这就是 NeXT 电脑。三年来，我们为这一刻的到来夜以继日地工作。这是一个伟大的时刻，在计算机领域每 10 年只会出现一两次……”

在众人的关注下，乔布斯揭开了 NeXT 电脑的面纱。只见一个完美的黑色立方体呈现在人们面前，全场发出一片惊叹声。

这是一款十足的黑色机器。独特的黑色，粗纹路的表面，长、宽、高各 12 英寸的镁质机箱，看上去就像一尊立体艺术品。媒体报道说："它是计算机王国的一匹黑马，乔布斯出其不意的杰作，令大家叹为观止。"

乔布斯和 NeXT 电脑

乔布斯从容地演示了新电脑的功能，让它播放了马丁·路德·金的《我有一个梦》，还有肯尼迪的演说《不要问》等脍炙人口的名篇。

此外，NeXT 电脑还能发送带有音频附件的邮件。

接下来，乔布斯继续展示，在这款电脑里存储有电子版图书，包括牛津版的《莎士比亚全集》，还有大部头的《牛津字典》。这个功能在当时是很超前的，观众的反应很热烈。乔布斯鼓吹道："我们做出了第一批真正的电子书。这是自谷登堡以来，印刷书本技术的一个重大突破。"难怪比尔·盖茨会觉得这是"一台超级棒的电脑"。

NeXT 电脑配有 17 英寸的索尼黑白显示器、键盘和鼠标。主机的技术参数为：采用 25M 摩托罗拉 68030 芯片，可扩展为 16M 的内存，250M 佳能光盘驱动器，摩托罗拉 56001 数字信号处理器，具有传真和加密功能的调制解调器，等等。所有这些，都装在这个 12 英寸的黑色立方体中。NeXT 电脑的操作系统 NeXTSTEP 是自主开发的，不过到 1989 年 9 月才正式完成。

新电脑发布会取得极大的成功，媒体对 NeXT 电脑是一片赞扬声。

《商业周刊》把乔布斯和这台黑色机器登上了封面，称赞"NeXT 电脑具有惊人的数据储存能力"，唯一的遗憾是显示器是黑白的。《新闻周刊》把乔布斯称作"电脑先生"，刊登了一张乔布斯俯身靠近 NeXT 电脑的照片，宣称"这是数年内最激动人心的机器"。《个人电脑通讯》编辑预言，NeXT 电脑将在 18 个月售出 25000 台；《加州技术股通讯》杂志更乐观，预计两年内可销售 50000 台。但是当媒体的热炒过去之后，市场的反应却很冷淡。

NeXT 电脑售价为 6500 美元，这个售价显然偏高了。NeXT 电脑的市场目标瞄准高等教育人士，但没有提供足够的教育功能。相对于个人电脑它太贵，相当于工作站它功能又不够强大。如果用户要配上打印机，得再花 2000 美元。由于 NeXT 电脑的光驱速度很慢（这一点倒是让比尔·盖茨说准了），因此最好再配一个外部硬盘。这样下来，总花费将超过10000美元。

1989年夏天，NeXT电脑正式投产。乔布斯事先在旧金山湾对面的费利蒙建了一座NeXT工厂，自动化生产线月产量可达10000台。结果，NeXT电脑的销售情况惨淡，每月的销量不到200台。漂亮的生产线只能闲置起来。

乔布斯寻求过其他途径，想摆脱困境，包括探寻与IBM合作的可能，生产NeXT电脑的改型机，等等。他还引入了日本佳能公司的1亿美元投资，以维持NeXT公司的运行，佳能公司因此获得了NeXT公司16.67%的股份。这意味着NeXT公司的估价为6亿美元。这个数字虽然可观，不过是虚拟的。

1989年成了乔布斯的黑色年代，整整一年，只售出460台NeXT电脑。乔布斯开始怀疑，是否是神秘的“黑色”带来的晦气，于是他把黑色立方体改成精致靓丽的外形，另起了一个机器型号，但销售仍然没有起色。兰德那个老家伙设计的怪诞立方体，简直成了一个魔咒。

接下来，有数名NeXT的元老级员工相继离开了公司，这表明NeXT的凝聚力已经瓦解。最先离开的是公司的元老之一卢因，随后财务总监苏珊也辞职而去，接着是乔布斯开发Mac时的忠实伙伴特里布尔。

6月，连豪爽乐观的得克萨斯州富豪佩罗也失去信心，退出了NeXT董事会。老头离开时丢下一句话:“不应该让你们这些年轻人拥有这些钱。这是我犯的最大错误。”

"未来电脑"的梦破灭了，乔布斯陷入了山穷水尽的境地。

绝处逢生

SHENGMINGXIAYIZHAN

尽管因价格过高，NeXT 电脑难以打入主流市场，却它对下一代电脑产生了巨大的影响。世界上首个万维网浏览器，就是蒂姆·伯纳斯·李在 NeXT 电脑上写成的。这位蒂姆·伯纳斯·李在欧洲核子研究中心的一台 NeXT 电脑上，搭建了世界上第一个 Web 服务器，他因此被称为"互联网之父"。仅此一点，NeXT 电脑也有资格载入 IT 史册。凡是现在使用互联网发 E-mail、看新闻、晒博文或者聊天、玩游戏的人，都应记住这位先驱者，也应该感谢 NeXT 电脑。

蒂姆·伯纳斯·李使用的操作系统，就是 NeXT 公司开发的 NeXTSTEP。这个软件很先进，编程速度比其他机器至少快 3 倍，而且容易修改，被誉为"图文界面中的劳斯莱斯"。IBM 公司曾经相中 NeXTSTEP，打算用 6000 万美元向乔布斯购买 NeXTSTEP 的独家使用权，以取代微软公司的 Windows 系统。因为当时的 Windows 不太稳定，而且微软的垄断意识也让 IBM 公司开始担忧。

可惜的是，乔布斯不同意独家授权，因此错失了与 IBM 合作的机会。如果这次乔布斯与 IBM 联手，比尔·盖茨在 IT 业必将名落孙山，所以说商战的激烈竞争和得失成败往往就在一瞬间。

除此之外，还有两家电脑公司康柏和戴尔，也想购买NeXTSTEP操作系统。他们的条件是要求NeXT停止生产自己品牌的电脑，为此他们愿意出更多的钱。乔布斯的梦想是打造完整的未来电脑，而不是只卖看不见、摸不着的软件（那是比尔·盖茨的角色）。所以，和这两家的生意也没有谈成。

到后来，乔布斯意识到了NeXT电脑的失败，决定放弃硬件生产，不过已时过境迁。

1989年秋天，乔布斯的个人生活揭开了绚丽的一页。

一个星期四，乔布斯应邀到斯坦福大学商学院去讲演，讲演的题目是“市场营销全攻略”。商科学生们闻风而动，听众非常踊跃。乔布斯还没有进场，礼堂里已经座无虚席。有两个女生迟来了一步，只好坐在过道上。其中一个名叫劳伦娜·鲍威尔，是商学院新来的研究生，身材苗条，一头金发，长得很漂亮。有人过来对她俩说，过道里不能坐人。劳伦娜吐吐舌头，只好和女伴径直走到第一排，在两个预留的空位上坐下来。不一会儿，乔布斯出现了，他穿着牛仔裤、花格衬衣，手里夹着讲义。会议主持人把他引到第一排坐下，乔布斯向右一看，发现一个美女坐在旁边。在等待被介绍时，乔布斯和她交谈了几句。

劳伦娜调皮地说：“我坐在这里，是因为中了彩票！”

“真的？奖品是什么哦？”乔布斯觉得她很可爱。

“奖品就是——你得请我吃晚饭。”劳伦娜嫣然一笑。乔布斯还想说什么，这时主持人请他上台开讲。

在演讲的过程中，乔布斯第一次发觉自己有些心猿意马。刚才和他调侃的美女端坐前排，裸露出一双健美的腿，脸上流露着单纯妩媚的微笑，看上去魅力四射。在整个演讲中，乔布斯的视线几乎没有从她身上离开过。

讲演结束后，乔布斯被商学院的学子们团团围住。乔布斯从人头的空隙看见劳伦娜离开了，又转回来了，站在人群外围，随后她又走了。乔布斯急忙分开人群，冲出去追她，连商学院的院长都没来得及和他说几句话。

乔布斯在停车场追上了劳伦娜。

“不好意思，你不是说中了彩票，要我请你吃饭吗？”他说。

劳伦娜

劳伦娜开心地大笑。

“星期六怎么样？”乔布斯问。

劳伦娜点头同意。乔布斯和她交换了联系方式。

当天晚上，乔布斯要开车赶到几英里外的伍德赛德市的一家酒店，出席NeXT销售团队的聚会。乔布斯在停车场发动汽车，引擎响起时乔布斯突然想：

“如果这是我在地球上待的最后一个晚上，我是参加一个商务会呢，还是和这个美女共度良宵?”

乔布斯蓦然跳下汽车，跑过去问劳伦娜:“今晚就一起吃饭，好吗?”

劳伦娜说:“好。”

“你挑吧，喜欢吃什么?”乔布斯问。

“我喜欢素食。” 劳伦娜的回答令乔布斯大感意外，但又很惊喜。

于是，在这个美丽的秋夜，乔布斯和劳伦娜漫步帕洛阿尔托的街头，找到一家时髦的素食餐厅共进晚餐。那一夜，他们一起度过了 4 个小时。从此以后，他们就在一起了。

劳伦娜 1963 年生于新泽西州，比乔布斯小 8 岁。她的父亲是位海军陆战队的飞行员，在一次执行任务中英勇牺牲。劳伦娜的母亲后来改嫁了，但继父是个脾气暴戾的酒鬼，家里没有温情可言。劳伦娜和三个弟弟从小就学会了忍耐和自立。劳伦娜曾就读于宾夕法尼亚大学，毕业后进入一家国际投资公司——高盛集团，做交易策略师，积累了金融工作的经验。三年后，劳伦娜考上斯坦福大学商学院的研究生，获得一笔奖学金。她辞去高盛集团的工作，去意大利游历了几个月，回来后就到斯坦福大学商学院攻读研究生。

她没有料到，一个天赐的机会，在这里遇到了自己的真命天子乔布斯。

乔布斯是个年轻的单身富豪，又是名人，身边不乏名媛淑女。他甚至和著名歌星琼·贝兹有过一段恋情，但未能长久。劳伦娜是一个独立自主的女性，聪明美丽，性格开朗，脾气温存，还是一个素食者。正是这些吸引了乔布斯，使他对劳伦娜一见钟情，最后结成良缘。

1991 年 3 月 18 日，36 岁的乔布斯和 28 岁的劳伦娜举行了婚礼。婚礼的地点选在优山美地国家公园阿瓦尼酒店里，主婚人是乙川弘文禅师。婚礼简朴低调，只有 50 人参加，其中包括乔布斯的养父保罗、生母乔安妮、亲妹妹莫娜和她的未婚夫，还有劳伦娜的父母和几个小兄弟。乔布斯和前女友克里斯安的女儿——8 岁的丽莎也来了，劳伦娜待她很好。乙川弘文禅师披着长袍，燃香诵经，唱着颂歌向新郎、新娘祝福。在亲人们的祝福声中，乔布斯和劳伦娜深情地相拥。

禅宗大师乙川弘文为乔布斯和劳伦娜主持婚礼

两鬓已斑白的老父亲保罗，看见儿子终于成了家，脸上的皱纹都舒展了。乔布斯的生母乔安妮很喜欢劳伦娜，她对儿子说："她长着一副旺夫相。"

生母的话本是一句吉言，但却真的应验了。就在婚礼后两个月，乔布斯与全球最大的娱乐公司迪斯尼签下了一项意义非凡的协议。

其实，和迪斯尼的这场谈判进行得很艰苦，对乔布斯而言，几乎是背水一战。

1986 年初，乔布斯曾经用 1000 万美元收购了卢卡斯影业公司的动画工作室，给它取名"皮克斯（Pixar）"公司。据说"Pixar"的名字取自英文"Pixel"（像素）和"Art"（艺术）的缩写。乔布斯主张："我们的目标是站在科技与人性的交汇处。""皮克斯"这个名字或许寄托了他的理念。皮克斯公司的徽标是个可爱的"跳跳灯"，它出自拉塞特制作的一个动画短片《顽皮跳跳灯》。这位拉塞特是个动

乔布斯与顽皮跳跳灯

画天才，也是皮克斯公司的台柱子。

《顽皮跳跳灯》的篇长只有两分钟，内容生动有趣：台灯爸爸和台灯小孩把一个皮球踢来踢去，结果球爆了，小台灯很伤心。片中的台灯形象栩栩如生，非常精彩，让人过目不忘。这部动画短片获得了 1986 年奥斯卡奖提名。两年后，拉塞特团队又拍了一部《小锡兵》，荣获 1988 年奥斯卡动画短片奖。

皮克斯的业务范围有三个：一是研制三维动画电脑硬件，二是给客户制作动画或开发软件，三是拍摄动画短片。几年间，皮克斯公司不断地烧钱，从来没有盈过利。购买三维动画电脑的都是高端客户，诸如电影制片厂或动画制作公司，销路很窄。外接软件业务的收益，也是入不敷出。至于自拍动画短片，虽然赢得了口碑，却没有效益可言。到 1991 年，乔布斯已在皮克斯投入了 5000 万美元，这几乎是他卖掉全部苹果股票收入的一半。加上 NeXT 的亏损，两个公司成了两个烧钱的无底洞。

面临着资金链断裂的危机，乔布斯终于痛下决心，关闭了 NeXT 电脑生产线，裁减了大量硬件部门的雇员。NeXT 电脑公司更名为 NeXT 软件公司。乔布斯还停止了皮克斯三维动画电脑的生产。

就在乔布斯山穷水尽的时候，迪斯尼向皮克斯伸出了橄榄枝。

迪斯尼公司由于欣赏拉塞特制作的动画短片，表示愿意与皮克斯商谈，能否合作拍摄三维电脑电影。

这一次，乔布斯抓住了机会。他带着拉塞特和电脑图形专家卡特穆尔一起到洛杉矶，和迪斯尼大亨卡森伯格进行谈判。

“只有我们皮克斯公司，才能拍出世界上第一部电脑动画电影。”乔布斯强调说，“我们很愿意和迪斯尼合作，但是必须分 30%的票房收入。”

卡森伯格傲慢地回答说：“关于票房和版权，皮克斯和迪斯尼没有讨论的余地。如果你们不接受，咱们就拜拜。”

《玩具总动员》海报

乔布斯让了一步说：“少一点也行。”

“10%，”卡森伯格回答，“最多15%，而且版权归迪斯尼。”

乔布斯背水一战，没有选择的余地。他沉吟了一会儿，答应了卡森伯格的条件。于是，皮克斯公司和迪斯尼签下了拍摄三部动画长片的协议。最重要的是，动画制作的所有开支都由迪斯尼承担。濒临破产的乔布斯如遇救星。

正是日后完成的这三部动画长片，拯救了乔布斯和皮克斯公司，也拯救了后来的苹果。

经过四年的苦战，第一部动画长片《玩具总动员》终于完成。1995 年 11 月 22 日，《玩具总动员》在北美上映，引起了轰动。这是第一部完全使用电脑动画技术完成的动画长片，总共由 11 万帧电脑三维画面组成。《玩具总动员》的放映成为电影史上的标志性事件。影片的主角是两个玩具——牛仔警长胡迪和太空骑警巴斯光年，一天安迪家来了新玩具巴斯光年，它以为自己是拯救宇宙的大英雄，这引起了玩具老大胡迪的不满和妒忌。胡迪在一次次地向巴斯怒吼"你只是个玩具"，自己却正一步步实现着由玩具变成英雄的梦想。动人的故事加上精美的三维画面，赢得了千万观众的心，不仅仅是小孩，连成人也为之倾倒。《玩具总动员》总票房创下 3.5 亿美元的纪录。

1995 年 11 月 29 日，皮克斯公司借着《玩具总动员》的声势上市。

就在当天，皮克斯的股价由开盘时的 22 美元飙升至 49 美元，最后以 39 美元收盘。乔布斯持有的公司 80%的股票价值上涨了 20 多倍，达到惊人的 12 亿美元。这相当于苹果上市时他获得收益的 5 倍！乔布斯奇迹般地咸鱼翻身，重新登上了亿万富豪的龙门。

重返"苹果"

CHONGFANPINGGUO

“苹果”危机

CHONGFANPINGGUO

1996年3月,《玩具总动员》获得第68届奥斯卡电影节特别成就奖，并同时获得三项提名。皮克斯公司的名声如日中天。继《玩具总动员》之后，皮克斯公司大展宏图，每一两年都要拍一部精彩的动画大片，诸如《虫虫危机》《怪物公司》《海底总动员》《超人总动员》等，其中有多部先后摘取奥斯卡奖的桂冠。传记作家沃尔特·艾萨克森说:“在职业生涯中，乔布斯因创造伟大的产品而闻名于世，然而，他创造伟大的公司及好品牌的能力同样不凡。他创造了那个时代最好的两个品牌——苹果和皮克斯。”

说起来，乔布斯名下的两家公司——NeXT和皮克斯，一个是有心栽花花不开，一个是无心插柳柳成荫。

NeXT电脑公司，轰轰烈烈亮相，兢兢业业运作，乔布斯投入了大把金钱，耗尽了心血，最后却以惨败收场。花10万美元请兰德设计的那个诡谲的NeXT“黑色方块”，给乔布斯带来的竟是一场厄运。

乔布斯收购皮克斯公司，最初纯属兴趣使然。没想到，那个精灵活泼的“跳跳灯”徽标，最终给乔布斯带来了好运，甚至成了他起死回生的法宝。有人说，这偶然之中蕴含着必然。如果乔布斯对动画三维技术没有超人的预见力，他是不会买皮克斯公司，并且不断地投钱的。直觉告诉他，这种电脑新技术和艺术的完美结合，前景不可估量。

功夫不负有心人。1991 年 8 月，乔布斯和比尔·盖茨同时被登在《财富》杂志封面上，《财富》杂志的记者当时在乔布斯农场风貌的家中采访了他俩。屋里的陈设很简朴，只有地毯和两把椅子。乔布斯身着牛仔裤、紫红横条 T 恤，赤着脚；比尔·盖茨则是西装革履、白衬衫，戴着圆框眼镜。两人的装束和风格迥然不同。《财富》杂志的记者调侃他俩是“两个可怕的微机小子”。这个比喻颇为经典。作为软件巨头，比尔·盖茨的“可怕”，在于他的胃口极大，想鲸吞所有的竞争者；乔布斯的“可怕”，在于他屡战屡败，屡败屡战，永远不会趴下。

“两个可怕的微机小子”乔布斯与比尔·盖茨

造化弄人，乔布斯1995年借《玩具总动员》之势东山再起的时候，苹果公司却陷入了绝境。苹果公司的市场占有率，从80年代末的16%的最高点下滑到4%，年销售额也从110亿美元跌至70亿美元。

1985年乔布斯被逐出苹果后，苹果公司曾进入一段平稳发展时期。斯卡利最辉煌的时候，苹果公司的年销售额达到80亿美元，Mac电脑总销售量为1200万台。这位“卖糖水”出身的CEO被胜利冲昏了头脑，自以为是新科技的天才。他在媒体上自吹自擂，宣称他预见“一个新媒体的时代就要来临”。斯卡利抨击乔布斯在位时，“希望苹果成为一家出色的消费品公司，这个计划很愚蠢，我们不能因为改变世界的梦想就扭曲现实”。他还一度热衷于政治，丢下公司的事务不管，跑去为克林顿竞选总统拉选票。

苹果公司董事长马库拉评价斯卡利说:“起初五年，斯卡利干得很出色。后来由于某些原因，他没有把握好。”

斯卡利的挫折，开始于他投入巨资开发一款超前的产品——牛顿（Newton）掌上电脑，结果以惨败收场。苹果在市场上的份额和收入持续下降，董事会对他的失误非常不满。另一方面，斯卡利几年间对Mac电脑不作改进，结果微软模仿Mac的图形用户界面，在1990年推出了Windows3.0系统，一举占领了个人电脑市场的制高点。到后来微软发布Windows95，成为有史以来最为成功的操作系统，Mac电脑的销售量开始暴跌。乔布斯隔岸观火，叹息道:“斯卡利引进低劣的人和低劣的价值观，把苹果给毁了。Mac 之所以输给微软，是因为斯卡利坚持榨取每一分利润，而不是努力改进产品以降低价格。”

斯卡利感到苹果公司正一步步走向衰落，他无力回天，甚至动了念头想把苹果卖掉。因为没有找到合适的买家，后来才只好作罢。

1993 年 6 月，因为业绩严重下滑，苹果公司终于解除了斯卡利的CEO 职务。同年 10 月 15 日，斯卡利黯然离开苹果公司。

接替斯卡利出任苹果 CEO 的是一个德国人，名叫迈克·斯平德勒。他是苹果欧洲分部的总裁，作风沉稳，业绩颇佳，是个工作狂（被同事称为“柴油机”）。董事会对斯平德勒寄予了厚望，但要扭转苹果的颓势，仅凭“柴油机”的动力显然是不行的。斯平德勒接任后曾试图与 IBM 合作，但没有成功。后来他又想把苹果卖给惠普或 Sun 公司，并进行了数次谈判，后因内情泄露，闹得沸沸扬扬。整个硅谷都在盛传“苹果公司处在崩溃边缘，准备贱卖”。

1996 年 1 月，苹果董事会一怒之下，解除了斯平德勒的CEO 职务，同时苹果公司宣布大幅亏损。就在被解除职务的几天前，斯平德勒刚裁减了 1300 多名苹果员工。有点讽刺的是，他没想到自己会成为“下一个”被裁的员工。斯平德勒担任苹果 CEO 三年间几乎一事无成，最后还累出了心脏病。

曾在苹果公司担任副总裁的李开复回忆说：“那时苹果是一家失去灵魂的公司。乔布斯离开了公司，灵魂也就丢失了。”

取代斯平德勒出任苹果新 CEO 的是个大人物，名叫吉尔伯特·阿梅里奥。他担任过美国国家半导体公司的总裁，曾在三年内让国家半导体公司起死回生，在硅谷的名声很响。阿梅里奥是位体面的绅士，皮肤保养得很好，丰厚的下巴颇像皮鞋后跟。由于是临危受命，他被称为“救火队员”。阿梅里奥一上任，就大刀阔斧地裁掉了 2800 名员工，还终止了一些项目。

他告诉一个商界朋友：“苹果公司好比一条因为漏洞而进水的船，但船里装着宝藏。船上的人都各朝各的方向划桨，结果船停滞不前。我的工作就是指挥大家朝一个方向划，以便拯救宝藏。”

另一个商界朋友问他：“船上的洞怎么办？”

阿梅里奥停顿了一下说：“我正在想办法。”

或许他的办法始终没有想好，阿梅里奥走马上任的第一年，苹果公司就亏损了上亿美元。

眼看着苹果这条巨船加速下沉，乔布斯再也坐不住了。

在皮克斯公司成功上市之后，乔布斯甚至动过念头，想夺回苹果公司的控制权。1995 年 12 月，乔布斯在夏威夷休假时，和甲骨文公司的董事长拉里·埃里森密谈过此事。甲骨文公司是世界上最大的数据库软件公司，拉里·埃里森是硅谷首富，财富堪与比尔·盖茨相匹敌。乔布斯若与他联手，胜算的可能性很大。众多投资者闻风而至，乔布斯很快就筹集到 30 亿美元为兼并计划做后盾。

但在最后一刻，乔布斯放弃了。他说:“我不想让自己成为恶意收购苹果公司的人，如果他们早点把我召回去，公司就不会像现在这样了。”

业内人士则普遍认为，只有乔布斯才能拯救苹果公司。

拉里·埃里森对《纽约时报》记者说:“乔布斯是唯一能拯救苹果公司的人。我们探讨过很多收回苹果公司的计划，只要乔布斯决定出手，我就在背后协助他。只要一个星期，我就能筹集到足够的资金。”

王者归来

CHONGFANPINGGUO

乔布斯会重返苹果吗？这个问题吸引了所有硅谷人的目光。

或许有另外一种可能，但它先是以搞笑方式爆料的。事发两年前，在某一期的《苹果世界》杂志上，突然登出一篇专栏作者盖伊·川崎的“虚拟新闻”稿，标题是《戏说乔布斯的归途：苹果将收购 NeXT，然后乔布斯出任 CEO》。这位盖伊·川崎是个日裔策划大师，曾做过 Mac 电脑的顾问，后来担任苹果的首席宣传官。

所谓虚拟新闻，就是不存在的新闻，说来玩玩的。在文章中，川崎煞有介事地戏言——

有一天，马库拉在咖啡馆碰到乔布斯。马库拉问乔布斯:“你想把下半辈子用来卖裹着糖衣的 NeXT 操作系统呢，还是用来改变世界?”

乔布斯回答:“当然是改变世界。”

马库拉说:“那你把 NeXT 卖给苹果吧，你回来做苹果的 CEO。”

乔布斯问:“你兜里有钱吗?”

马库拉说:“几个亿还是掏得出来的。”

乔布斯说:“这也许是个好主意，让我想想。”

在一旁的比尔·盖茨听见他们两人的对话，突然插嘴说:“这敢情好，将会有更多的乔布斯创新供微软抄袭啦!”

川崎特地调侃了一句:“由于乔布斯在 NeXT 的经历，人们期待他能把一种从未有过的谦卑感带回苹果。”

这则虚拟新闻说的是玩笑话，人们读后咧嘴一笑，谁也没有当真。富有戏剧性的是，两年之后川崎这则虚拟新闻竟然变成了事实。川崎一不小心成了预言家。

生活版的场面稍有不同，和乔布斯谈判的不是马库拉，而是苹果的 CEO 阿梅里奥。

事情的缘由是这样的。阿梅里奥上任后，为了挽救苹果电脑的销售颓势，想给 Mac 电脑开发新的操作系统。当时 Mac 的操作系统 Mac OS7 毛病很多，经常系统崩溃或者死机，不论是用户还是苹果的技术人员，都觉得它极不可靠。阿梅里奥费了很大力气，花了不少钱，也没搞出什么名堂来。阿梅里奥最后被迫放弃开发计划，转而寻求向其他公司购买操作系统。他同微软、Sun 公司，还有一家 Be 公司（斯卡利和让-路易·卡西两人的合伙公司）都接触过，但没有结果。各种操作系统五花八门，互不兼容，都说自己是天下第一，价格自然也是天价。

乔布斯得知苹果正在为电脑寻找新系统，他知道时机到了。乔布斯拿起话筒，拨通了苹果 CEO 阿梅里奥的座机。

“喂，我是史蒂夫·乔布斯。”

“喔，您好！”一听是乔布斯，阿梅里奥精神来了。

“我听说你们在寻找新系统哦？”

“史蒂夫总裁的消息挺灵通啊！” 阿梅里奥很振奋。

“你们四处打锣，我自然听到啦……”乔布斯说，“我倒有个好建议。”

“我们能见面谈谈吗？”阿梅里奥问。

“当然，在哪里见？”

“欢迎您来苹果公司。”

于是，乔布斯开着保时捷来到库比蒂诺的苹果总部。这一天是 1996 年 12 月 2 日。阿梅里奥在两个顾问的陪同下，隆重地接待了乔布斯。

这是难忘的一刻。《乔布斯传》的作者丹尼尔·伊克比亚写道：“空气中飘荡着某种兴奋的情绪，这是乔布斯自 1985 年离开苹果后第一次重返苹果总部。当他看到发生了巨变的苹果大楼时，不禁感慨万千。”

苹果公司的创始人，在 11 年后重返苹果总部，激动的心情可以想象。乔布斯不是浪子回头，而是弃儿回家、游子归来！苹果大楼的窗户都打开了，数不清的脑袋探出窗外，惊喜地向他行注目礼。乔布斯抬头向众人挥手，大楼里顿时欢声雷动。

在会议室里，乔布斯和阿梅里奥进行了精彩的对话。

乔布斯说："能使苹果电脑起死回生的系统，非NeXTSTEP莫属。"

他向阿梅里奥展示了NeXT电脑，并绘声绘色地介绍了NeXTSTEP这种操作系统的优势，除了令人惊叹的图文界面，还拥有独一无二的软件开发工具。乔布斯的解说具有莫大的诱惑力，阿梅里奥被他完全打动了，也可以说他完全被乔布斯的气场镇住了。

阿梅里奥说："那您把NeXTSTEP卖给苹果吧！"

乔布斯说："我建议，你们不要仅仅买NeXTSTEP的使用权。"

"哦？史蒂夫总裁的意思是……"

"你们最好直接购买NeXT公司以及旗下的专业工程师。"

阿梅里奥恍然大悟，这意味着苹果公司能同时获得乔布斯巨大的影响力和卓有远见的指导。在座的苹果高层都喜形于色。

阿梅里奥问："那需要多少钱？"

乔布斯反问："你兜里有多少钱？"

阿梅里奥回答："几个亿还是拿得出的。"

乔布斯说:“咱们成交!”

18 天之后，经苹果董事会授权，阿梅里奥宣布以 3.775 亿美元现金，再加上苹果公司的 150 万股股票并购 NeXT 公司。这些现金乔布斯用来偿还 NeXT 公司的投资者，股票是苹果给乔布斯个人的。阿梅里奥的用意是要让乔布斯与苹果公司的利益绑在一起，也就是要他与公司共存亡。乔布斯同意担任苹果公司特别顾问，重新为苹果公司效劳。

经过 11 年的流亡，苹果的创始人史蒂夫·乔布斯终于回来了。

苹果并购 NeXT 公司的消息，震撼了整个 IT 业。41 岁的乔布斯以“被收购”的策略重返苹果，必将改变 IT 版图的力量对比。

人们称赞苹果的此举具有远见卓识，只有比尔·盖茨的反应和川崎的虚拟新闻大有出入。据说，这个“可怕的微机小子”听到并购消息后勃然大怒，他质问阿梅里奥:“你真的认为史蒂夫·乔布斯有什么真家伙吗?”

阿梅里奥回答说:“我亲眼所见。”

比尔·盖茨咆哮道:“愚蠢！我太了解史蒂夫了，他根本不懂技术，他只是一个超级推销员。我真不明白，你们买下那堆垃圾干什么?”

阿梅里奥不明白比尔·盖茨为什么失态，尴尬地一笑说:“不会吧?”

比起比尔·盖茨的沮丧，乔布斯的心情却是虔诚而兴奋的。

重新回到苹果公司令乔布斯万分激动，在这里他曾度过一生中最宝贵的时光。乔布斯驾着保时捷去苹果上班时，一位名叫洛尔的记者坐在副驾驶座上采访他。乔布斯坦白说："这就像生命中的初恋情人一样，她对你永远重要，不管她最终变成什么样子。"

乔布斯表示，苹果公司应该改组，应该重新成为行业的领军者。他很珍惜自己担任的顾问工作，再辛苦也心甘情愿。他相信自己这么多年所经历的磨炼和教训，能让苹果受益匪浅。

乔布斯当然知道苹果面临着巨大的危机，但他没有料到苹果已到了崩溃的边缘。就在乔布斯回归不到两个星期——1997 年 1 月 1 日，阿梅里奥宣布，苹果的销售量在最后一季度继续下跌 30%，亏损超过 1000 万美元。

看来，要拯救苹果只有采取非常的措施。不作彻底变革，苹果可能会继续腐烂下去。

重振雄风

CHONGFANPINGGUO

1997 年 1 月 7 日，乔布斯和阿梅里奥一起参加了在旧金山举行的 Macworld 大会。这是苹果公司按照惯例举行的年度展会，会场设在美国加州旧金山市最为著名的莫斯康展览中心。大会每年都会吸引全球媒体和消费者的关注，与会者有

乔布斯和阿梅里奥(左)

苹果产品用户、媒体记者以及行业专家。当天，在万豪酒店的大宴会厅举行开幕式，有 4000 人莅会。

阿梅里奥在开幕式上作主题演讲。他穿着花哨的西服，皮鞋锃亮，衬衣的立领紧贴着脖子。IT 记者报道说:“他看上去就像你刚离婚的舅舅第一次出来约会。”阿梅里奥站在讲台前，扬起皮鞋跟式的下巴，滔滔不绝地讲了一个多小时。他的思路混乱，前言不搭后语，台下的听众不知道他究竟想讲什么，都面面相觑。乔布斯目睹了阿梅里奥笨拙的表演，非常失望，替他干着急。

阿梅里奥也许觉察到了听众的反应，他想改变一下气氛，指着第一排说:“今天的嘉宾还有拳王阿里。” 阿里微笑着向大家致意，会场里响起一阵掌声。按照会议安排，阿里本是来宣传帕金森综合征网站的，但阿梅里奥并没有请他上台，又没完没了地讲起来。

待这位苹果 CEO 说得唇干舌燥的时候，他终于宣布请苹果的新顾问乔布斯讲话。

乔布斯穿着 V 字领深色夹克衫、白衬衣，大步跨上讲台。他的模样有型，表情自信，浑身魅力四射，跟阿梅里奥的蠢笨形成了鲜明的对比。IT 记者报道说:“即使是摇滚巨星猫王归来，也不会引起比这更大的轰动。”

听众纷纷起立，现场欢声雷动，震耳欲聋的掌声持续了三分钟。乔布斯挥手请大家安静，他表情激动地说:“谢谢，我回来了!”

然后乔布斯直奔主题，大声地宣称:“我们要再创辉煌。Mac 十年来停滞不前，所以让微软的 Windows 赶上来了。我们必须拿出一个更好的操作系统，这就是 NeXTSTEP!”

台下又是一片欢呼。

接着，乔布斯以出色的口才介绍了 NeXTSTEP 的特点和优势，以及辉煌的前景。听众们都被他展示的宏图所吸引，现场鸦雀无声。

乔布斯演讲结束，微笑道:“我的话讲完了，谢谢大家。”

会场里响起经久不息的掌声。

乔布斯鼓舞人心的讲话，本该给开幕式画上圆满的句号，但不识时务的阿梅里奥接下来又讲了一通。饶有喜剧的是，他把苹果的另一个创始人沃兹请上了台。沃兹是苹果的非正式顾问，他不改憨厚的本色，很配合阿梅里奥。但那天他的服装没有穿对，一件白色套头T恤，上面的图案花里胡哨的，就像个马戏团演员。沃兹一登场，下面就爆出一阵嬉笑，搞得他很不好意思。阿梅里奥本来是想制造一种效果：他同苹果的两位创始人“三雄”联手，苹果会大有希望。但当他回过头时，发现乔布斯已经消失了。

开幕式最终在尴尬中落幕。

乔布斯是忍受不了阿梅里奥的出丑，才悄悄溜到了后台。从那一刻起，他就认定，苹果这艘巨轮如果让阿梅里奥继续领航，迟早会触礁。

于是，乔布斯决定不能光当“形象大使”，要给苹果一些实质性的帮助。

他先是把NeXT公司的两员大将推荐给苹果，担任公司的高层。一个是NeXT操作系统研发骨干艾维·特弗尼安，乔布斯称他是软件天才，名列世界操作系统软件顶尖高手的前五名。乔布斯对艾维的推荐语是：“苹果花4亿美元收购NeXT，其中最有价值的资产就是艾维。”阿梅里奥于是点头同意。艾维进入苹果后，成为可直接对阿梅里奥负责的软件总设计师。乔布斯推荐的另一个人，名叫乔纳森·鲁宾斯坦，是一位天才的硬件工程师，曾担任NeXT硬件部门的主管。乔布斯认为乔纳森·鲁宾斯坦非常杰出，堪当沃兹的接班人。

阿梅里奥采纳了乔布斯的建议，鲁宾斯坦被任命为苹果的总工程师。事实证明，乔布斯的眼光没有错。这两个人才，对日后苹果的翻身作出了很大的贡献。

一旦把部下安插到苹果占领了要津，乔布斯就开始整肃苹果混乱的生产线。他选中的首个目标就是“牛顿”（Newton）。

“牛顿”（Newton）是一款手持个人电脑，又称掌上电脑，主要功能是识别手写笔迹。这是斯卡利当初开发和看重的产品，因为销售惨淡，最后成了斯卡利下台的诱因。令人不解的是，斯卡利离开几年后，这款产品经过改头换面还在继续生产。

乔布斯并不认同用手写笔在屏幕上写字的想法。他舞动着手指，不屑地说：“上帝已经给了我们十支手写笔，我们有必要再多发明一个吗！”

一天，乔布斯打电话给阿梅里奥说：“你应该把‘牛顿’（Newton）砍掉。”

阿梅里奥接到乔布斯的电话，完全摸不着头脑。

“什么？砍掉‘牛顿’！”他反问道，“你有没有概念哦？史蒂夫，你知道那得花多少钱吗？”

“停产，撤销，处理掉！”乔布斯的口气斩钉截铁，“花多少钱不重要，重要的是去掉了苹果身上的包袱，股东们会为你喝彩的。”

阿梅里奥迟疑了一下，回答说：“我得想想。”

两个月后，阿梅里奥想通了，宣布了解散牛顿部门的计划，牛顿项目正式下马。业内有人说，乔布斯拿“牛顿”开刀，报了斯卡利当初赶走他的一箭之仇。其实，这只是一种臆断。乔布斯对斯卡利怀恨，不等于要把斯卡利的一切都打入地狱。如果“牛顿”是个金娃娃，谁也舍不得丢掉。事实表明，砍掉“牛顿”对苹果公司毫发未损，反倒给后来扭转乾坤的新产品 iMac 扫清了道路。

乔布斯对苹果管理的强势介入，引起了人们的猜测。有位女记者直言不讳地问他:“你会接管苹果吗?”

“不会的。”乔布斯回答说,“我有家庭，还有孩子。我还有很多事情要做，包括皮克斯的业务。我只希望给苹果贡献一些想法。”

这也许是乔布斯的真实想法，自己对苹果究竟该介入到什么程度，他其实很矛盾。苹果董事长埃德·伍拉德当时已对阿梅里奥失去了信心，而对乔布斯的回归寄予了厚望，希望乔布斯多出谋划策。这位董事长曾担任杜邦公司的 CEO，在企业界威信很高，说话举足轻重。乔布斯的铁杆朋友——那位甲骨文的董事长埃里森，甚至鼓动乔布斯策划夺回苹果的管理权。乔布斯不同意，从本质上说，他并不是一个权谋家。埃里森于是向媒体透风说，他正在组建一个风险投资集团，将融资 10 亿美元收购苹果的大部分股权，然后让他“最好的朋友”乔布斯担任 CEO。消息公布当天，苹果的股价就飙升了 11%。

1997 年 7 月 4 日，苹果董事会解除了阿梅里奥的 CEO 职务。

当伍拉德向阿梅里奥通知这个决定时，阿梅里奥问："史蒂夫·乔布斯知不知道这事？"

伍拉德回答说："他知道。他说你是个好人，但是你对电脑行业不熟悉。"

"谁来接替我呢？" 阿梅里奥又问。

伍拉德回答："可能是史蒂夫·乔布斯，也可能不是。他还没有答应。"

沃兹听说乔布斯要回来统领苹果公司，很兴奋。他说："这正是我们所需要的。不管你对史蒂夫·乔布斯怎么看，他都是一个不可取代的领袖。"

阿梅里奥担任苹果 CEO，共计 500 天。他后来写了一本名为《火线 500 天》的书，回忆这段水深火热的日子。书中对乔布斯多有不实之词。

一位苹果高层对苹果三位 CEO 的评价意味深长。他说："斯卡利其实做得非常好。在斯卡利的领导下，苹果的年收入从 10 多亿美元增长到近百亿美元。但是，斯卡利的短处是他不善于预测创业趋势，不懂得用人，也不会当机立断。斯平德勒是个糟糕的 CEO，他懂些销售，但在管理、技术和产品上糟糕透顶。阿梅里奥是一个老式的 CEO，他终止了一些项目，改善了财务状况，还收购了 NeXT 公司，在一定程度上阻止了大船迅速沉没，但他无力拯救苹果。他的风格决定了他无法调动起苹果的全部潜能。”

7月底，乔布斯同意出任苹果的临时CEO，但他提出一个出人意料的条件，要求彻底改组苹果董事会。乔布斯对伍拉德说：“这家公司岌岌可危，我没有时间哄董事会开心，所以我建议董事会全体辞职，只有一个人可以留下来，就是您伍拉德。要不然我就辞职，下周就不来上班了。”

这个建议让董事会成员大吃一惊，但是现实是残酷的，谁能代替乔布斯拯救苹果这艘沉船呢？没有人。再说，继续挤在这艘破船的舰桥上，前景也未必乐观，于是董事们最终同意了辞职。伍拉德说：“大多数人都高兴地解脱出来了。”

乔布斯称赞说：“伍拉德是我见过的最棒的董事会成员。他是个杰出的人，是我遇到过的最可信赖、最明智的人。”

辞职的董事会成员里，有一位苹果的元老马库拉，时任副董事长。乔布斯对马库拉一直怀有父辈般的感情。在乔布斯和斯科特发生冲突时，马库拉鼎力支持了乔布斯。但在乔布斯和斯卡利对立时，马库拉选择了斯卡利，这致使乔布斯被逐出苹果。这是乔布斯心中的痛。乔布斯要求改组苹果董事会，并非针对马库拉个人。他也没有放马库拉一马，请他继续留任。

不过，乔布斯对马库拉仍然很牵挂，担心马库拉对辞职想不开。事后，乔布斯独自驾着保时捷，到伍德赛德马库拉的豪宅，亲自向马库拉作说明。他俩搬着野餐桌，到一片树林里散步。乔布斯告诉马库拉，他想要一个新的董事会，以便从头开始。他对马库拉说:“我真的担心您接受不了。”

马库拉回答:“我没有。”

乔布斯悬着的心放下来了:“我想让苹果成为长盛不衰的公司。”

马库拉向他授计说:“长盛不衰的公司都知道塑造自我,惠普就是这样。苹果在个人电脑领域已经被微软挤出局,这是让人痛心的。你必须重塑公司形象,造出全新的产品,化蛹成蝶,完成彻底的蜕变。”

乔布斯记住了马库拉的忠告。

非同凡响的 iMac

CHONGFANPINGGUO

1997 年,苹果公司正处在破产边缘,马库拉的话与乔布斯的想法可以说不谋而合。刚刚返回苹果的乔布斯明白,只有重塑公司形象,造出全新的产品,苹果才可能像马库拉说的那样化蛹成蝶,获得新生。

为了挽救苹果公司,乔布斯想尽了办法。首先,他和伍拉德物色了新的董事会成员,以保证公司的决策正确、运作畅通。新加入董事会的有甲骨文董事长拉里·埃里森,他是乔布斯的铁杆朋友和坚强后盾;有比尔·坎贝尔,80 年代曾担任苹果市场部经理,现为 Intuit 软件公司的 CEO,和乔布斯私交颇好;还有伍拉德请来的杰里·约克,曾担任克莱斯勒公司和IBM公司的CFO（首席财务官）。这些人除了具备业界的资历外，重要的一点就是对乔布斯绝对支持。

乔布斯的另一个措施，就是与比尔·盖茨捐弃前嫌，携手合作。

这年8月，在波士顿举行的苹果世界产品展示会上，乔布斯穿着李维斯牌牛仔裤、黑色高领长袖T恤（这成了他日后的标准打扮）登上讲台。他郑重地宣布，微软将向苹果公司投资1.5亿美元，购买苹果的无投票权股票。这时，大屏幕上出现了通过卫星连线的微软CEO比尔·盖茨。在西雅图微软总部的比尔·盖茨，面带微笑发表讲话。他用尖细的嗓音说:“在我的职业生涯中做过的最令人兴奋的事，就是跟史蒂夫·乔布斯在Mac上的合作。”这个瞬间被媒体称为比尔·盖茨与乔布斯“一笑泯恩仇”。

乔布斯宣布与比尔·盖茨合作的消息时，现场有几千名听众发出一阵嘘声。这些苹果的粉丝对微软素无好感，都把比尔·盖茨视作“风度翩翩的大白鲨”。

嘘声过后，乔布斯平静地对粉丝们说:“如果我们希望苹果好起来，就不能意气用事。我们不能老是抱着‘苹果必赢，微软必输’的想法不放。”

微软投资1.5亿美元，对苹果来说正是及时雨，这笔资金拯救了危在旦夕的苹果公司。作为回报，苹果公司将撤回对微软的法律诉讼。此前，苹果公司曾起诉微软的视窗Windows抄袭了苹果Mac OS操作系统的用户界面设计。

事实证明，乔布斯与比尔·盖茨合作的决定是雄才大略。当天，股票交易日结束时，苹果的股价飙升了 6.56 美元，收盘价为 26.31 美元（这是阿梅里奥辞职当天苹果股价的两倍），涨幅高达 33%。苹果的市值在一天里增加了 8.3 亿美元！苹果公司终于走出了死亡之谷。

接下来，乔布斯的首要任务就是带动苹果找回过去的荣耀，让世界知道苹果公司的理念。乔布斯找来一位广告能人担此重任，他就是当年策划轰动一时的 Mac 广告片“1984”的李·克劳。这位创意高手身材修长、皮肤黧黑，留着浓密的胡须，一副艺术家的派头。当年他是 Chiat\Day 广告公司的创意总监，现在该公司已更名为 TBWA\Chiat\Day，老总肯·西格尔是个豁达的小老头，公司的艺术总监名叫克雷格·谷本。这三个人听说乔布斯重出江湖，要构思一条“让全世界都能记住的”广告语，借以表达苹果的理念。肯·西格尔说：“这种目的明确的案子并不是每天都有，但是具有极大的挑战性。”

乔布斯告诉李·克劳：“我的目的，是要重塑苹果过去的辉煌。”

李·克劳心领神会：“要找回苹果从前的那股精神，对吧？”

“对。”乔布斯回答说，“苹果将要推出的新产品都非常酷，但我们想要一个品牌形象宣传，而不是做系列的产品广告。”

乔布斯解释说，不是要赞美电脑可以做什么，而是要赞美富有创造力的人们能够做什么。他说:“包括我们苹果自己的员工，现在都忘记了自己是谁，忘记了自己心中的偶像是谁。”

TBWA\Chiat\Day 团队很快给出了答案：苹果不同于其他公司，拒绝因循守旧，对事物有独到的见解。李·克劳和克雷格·谷本，还有肯·西格尔，公司的“三驾马车”经过反复酝酿，提出了一个创意:“非同凡响”(Think Different)。

肯·西格尔在博客上描述了当年的策划经过:“我们为此尝试了许多途径，最终有了突破：我们意识到驱动苹果前进的动力，早在这家公司成立以前就已经存在了，它甚至早于人类学会使用电。创造性是文明发展的催化剂。于是我们想到：颂扬苹果敬仰的那些人，是能够展示苹果精神风貌的最好办法。于是，我们决定寻找最具代表性的那些人——从古至今——引起变革或者推动人类前进的那些人。”

乔布斯对这个创意很满意。肯·西格尔说:“那是我职业生涯中特别的一刻。因为苹果当时深陷危机，而‘非同凡响’这句广告词拯救了苹果。”

60 秒的苹果电视广告“非同凡响”堪称经典。画面里一一出现的形象，有抽着烟斗的爱因斯坦、侧影的鲍勃·迪伦、演说的马丁·路德·金、弹着吉他的列侬、微笑的甘地、特写希区柯克、画斗牛的毕加索……

画面精彩的旁白振聋发聩：

向那些疯狂的人致敬！

他们与常人格格不入，

他们桀骜不驯，

他们常制造麻烦，

他们往方孔里钉圆型木栓，

他们用不同的眼光看待事物，

他们从不墨守成规，

他们也没有遵从于现状。

你可以引述他们的想法，

也可以根本不认同他们，

你可以赞扬或者诋毁他们，

但是唯独不能漠视他们。

因为他们改变了事物，

他们推动人类向前发展。

当有些人把他们当作疯子的时候，

我们看到的他们是天才。

因为，正是那些足够疯狂到

认为自己可以改变世界的人，

就是那些真正改变世界的人。

非同凡响。

除了 60 秒电视广告外，同时还制作了一系列令人难忘的平面广告。每一则广告都是一个标志性人物的黑色肖像，

"非同凡响"的苹果广告

包括爱因斯坦、甘地、列侬、鲍勃·迪伦、毕加索、爱迪生、卓别林、马丁·路德·金、希区柯克、拳王阿里等。广告上没有其他文字，仅在肖像的一角，印着苹果的新徽标和广告语"非同凡响"。苹果的徽标，从这时开始改成单色（银灰色或白色），显得更时尚，也更现代。

苹果"非同凡响"的广告推出后，获得了巨大的成功。这个广告一直使用到 2002 年。媒体报道称："'非同凡响'让苹果重塑了辉煌。消费者对它一见倾心，苹果员工把它当作战斗的口号。一个个奖项接踵而至，其中包括艾美奖的首个最佳广告奖。"

1997 年 9 月 16 日，乔布斯正式被任命为苹果的临时 CEO（据说"临时"二字，是他自己要求加的）。他立即着手推出一个新产品——这是一款面向普通消费者的电脑，命名为iMac。说起这个名字的来历，还有一段故事。

iMac 电脑

一天，乔布斯邀 TBWA\Chiat\Day 团队到苹果总部，说有个新玩意请他们看看。他把客人带到一间戒备森严的设计室，桌上有块大布盖着个东西。乔布斯揭开大布，映入众人眼帘的，是一台晶莹剔透、水滴形状的电脑。

从没有人见过这样的东西，大伙儿都惊呆了。肯·西格尔回忆说："看到这个产品，我们都倒吸了一口凉气，但没人表露出来。为了显得有礼貌，大家都没有吭声。但人人心里都在想，我的天，他们造出了什么！这玩意太让人意外了。"

乔布斯曾对西格尔的团队承诺，会有一系列不同寻常的产品随着"非同凡响"广告一同进入市场。眼前的这台产品非但是"不同寻常"，简直是骇世惊俗！

乔布斯说："对这台新电脑，苹果公司下了大赌注。苹果产品能不能咸鱼翻身，就看它了！所以，要给它取一个标新立异的名字。"

为了设计出令人喜欢的造型，iMac 的主设计师乔尼·艾弗曾率领团队到糖果厂观摩，向糖果师傅学习如何使糖果看上去更诱人。

接着，乔布斯说了几个名字，肯·西格尔感觉都很一般。乔布斯说新产品是一台家用电脑，名字应跟 Mac 有联系，还要表明它是为互联网而生。除此之外，命名的方式需要为后续推出的产品留有空间。

“时间很紧迫，”乔布斯说，“新名字必须在一星期内印到产品包装上。”

几天后，肯·西格尔拿出 5 个备选的名字。他自己最中意的名字是 iMac，其他 4 个名字都是陪衬。

肯·西格尔向乔布斯解释“iMac”的创意：“i 代表互联网（internet），这是势不可当的潮流，将会渗透到现代生活的每一个角落；i 也代表独特（individual）、想象力（imaginative），或者其他一切它所能代表的含义。苹果公司的其他互联网产品，也可以用 i 开头来命名。这样，就能形成一个 i 系列。”

可是，乔布斯对这 5 个备选名字都不喜欢。

“你另外再拟几个看看。”

西格尔又拟了 3 个名字，但他告诉乔布斯，自己最喜欢的还是“iMac”。

乔布斯说：“这个名字还是打动不了我。”

肯·西格尔力争道：“我觉得，凡是苹果公司最新、最酷的产品，都用这个小写‘i’字开头。”

乔布斯沉吟了一下，没有表态。不久，肯·西格尔听说乔布斯把 iMac 印到了那台电脑上，他想再测试一下用户的反应。

1998 年 5 月 6 日，iMac 隆重推出。它那鲜亮炫目的颜色、半透明的机壳令人耳目一新。这款新产品是专为互联网用户设计的，尤其针对时尚年轻的一代。整台机器浑然一体，主机和显示器完美结合，线条圆润，造型活泼。乔布斯对媒体说:“我们设计 iMac，是为消费者提供他们最为关心的功能——让人振奋的互联网功能和 Mac 电脑的简洁。定价只有 1299 美元。”

8 月，iMac 正式发售，结果大受欢迎。上市 6 个星期就卖出28 万台，在一年多时间内售出 200 万台，三年总计卖出 500 万台。iMac 成了苹果公司有史以来销售速度最快的电脑。

10 月 14 日，苹果宣布该年为自 1995 年以来的第一个赢利年份。

12 月，iMac 荣获《时代》杂志“1998 年最佳电脑”称号，并在同年“全球十大工业设计”中名列第三名。

1999 年，苹果公司推出 iMac 第二代产品，由红、黄、蓝、绿、紫五种颜色的 iMac 组成一个系列。这些完美的小精灵令苹果粉丝们欢呼雀跃，爱不释手。

乔布斯，凭着“非同凡响”重塑了公司形象，凭着造出全新的 iMac，终于化蛹成蝶，完成彻底的蜕变。他不仅拯救了苹果，而且再创了辉煌！

辉煌

HUIHUANG

iPod 横空出世

HUIHUANG

1999 年秋，继第二代 iMac 之后，苹果公司又推出了 iBook 便携式电脑，宣称它是“可以带着散步的 iMac”。这款产品延续了 iMac 活泼靓丽的风格，造型像漂亮的贝壳，有 5 种款式，其运行速度超过任何一款 PC 电脑，待机时间达 6 小时。iBook 上市后销售火爆，创下了便携式电脑史上的市场记录（600 万台），成为“销售之王”。

1999 年底，苹果股票的股价攀升至 118 美元，与 1997 年乔布斯回归时股价的 13 美元相比，两年时间翻了将近 10 倍！苹果公司的资产增加到 200 亿美元。

千禧年的新年钟声敲响了。

乔布斯带领着复兴的苹果公司，意气风发地走进了新世纪。

2000 年初，苹果公司董事会终于说服乔布斯拿掉 CEO 前的“临时”二字，乔布斯成为苹果的正式 CEO。1 月 15 日，在旧金山召开的 Macworld 大会上，乔布斯向听众宣布自己要摘掉 CEO 的“临时”帽子。乔布斯的话音刚落，全场与会人员起立向他欢呼。

为了表彰乔布斯的贡献，董事会奖励了他 1000 万股苹果股票期权，还赠送给他一架商用喷气式飞机。这架由麦道公司生产的飞机有 16 座，比沃兹的私人小飞机大很多。乔布斯很喜欢这架飞机，他特地请来设计师把机舱内部装修了一番，盛夏时节常携同全家飞往夏威夷度假。乔布斯和劳伦娜这时已经有了 3 个孩子：长子里德、女儿艾琳和伊芙。丽莎也经常和他们生活在一起，全家人相处得和睦美满。

新的纪元，人们都在关注苹果的下一个产品是什么？

乔布斯睿智的目光，这回投向了音乐世界。在传统的音乐市场，索尼的“随身听”曾经风靡一时。但是，随着数字化技术的发展，一种新的 MP3 播放器成了宠儿。MP3 采用一种音频压缩技术，它利用人耳对高频声音信号不敏感的特性，将乐曲以 1:10 甚至 1:12 的压缩率压缩成容量较小的文件。用 MP3 格式存储的音乐就叫作 MP3 音乐，非常流行。

乔布斯发现，数字化音乐世界是一个大金矿。

乔布斯携同全家出游(2003 年)

在这之前，苹果已研发出一个命名 iTunes 的音乐软件。它的前缀也是“i”，表示苹果的互联网系列产品；“Tunes”的中文意思有“曲调”“歌曲”或“旋律”之意。两者组合在一起，含义是数字音乐播放程序。它是 Mac 电脑使用的一款免费应用软件（后来扩展到 PC），可以管理和播放用户的数字音乐。iTunes 可从苹果电脑的网站免费下载取得，也随所有的 Mac 电脑附带提供。它的广告语有点另类，但很响亮：“扒歌，混制，刻录。”

在开发 iTunes 软件时，工程师们试用过市面上的各种 MP3 播放器，发现它们都很差劲，最多只能装 16 首歌曲，而且选曲和操作都很麻烦。

有一天，鲁宾斯坦兴冲冲地对乔布斯说：“我们得做自己的播放器。”

这个鲁宾斯坦，就是乔布斯从 NeXT 带过来的硬件工程师，现任苹果公司的硬件总管。他的话引起了乔布斯的注意。

“你是说，我们自己研制播放器？”

“如果我们做一个播放器，把整个 iTunes 曲库都装下来，会怎么样？”鲁宾斯坦解释说。

这是一个大胆的设想。iTunes 曲库里有成千首歌曲，如果全都装在一个音乐播放器里，这个播放器一定会得到音乐发烧友的狂热追捧。

乔布斯点点头：“这值得一试。”

研制音乐播放器的任务，就落在鲁宾斯坦的肩上。2001

年 1 月，鲁宾斯坦到日本的苹果供应商那里进行例行访问。他在东芝公司参观时，意外得知他们正开发一种袖珍硬盘，大小只有1.8 英寸见方，容量 5G——这个容量足以存放 1000 首 MP3 歌曲。但是东芝公司开发出了这个硬盘，却不知道用在什么地方。

鲁宾斯坦问："我能看看这个产品吗？"

"行，没有问题。"

东芝公司的同行给他看了硬盘的样品，外形很轻巧，体积只有 1 美元硬币大。

鲁宾斯坦看到这个小硬盘，立刻想到一个很棒的主意："把 1000 首歌装进口袋！"但他不动声色，以免泄露天机。

回到库比蒂诺，鲁宾斯坦向乔布斯汇报了此事。

"我知道怎样制造我们的 MP3 播放器了。" 鲁宾斯坦兴奋地说，"我找到了关键部件。"

乔布斯立即拍板，出重金买下东芝公司的这项专利。于是，苹果未来的音乐播放器有了一颗强劲的心脏。

2001 年春，苹果的音乐播放器项目正式启动。鲁宾斯坦请来一位名叫托尼·法德尔的工程师，由他负责产品设计。法德尔是个奇才，读大学时就办过三家公司，毕业后在飞利浦等好几家公司干过。他屡有奇想，不受重用，所以经常跳槽。他有一个很好的播放器创意，曾向索尼、飞利浦等几家公司兜售过，但没有人买他的账。鲁宾斯坦听说后，特地请法德尔加盟苹果的新项目。

乔布斯要求新产品在圣诞节上市，时间很紧迫。

“这个项目将会改造苹果公司。也许 10 年之后，苹果公司将成为音乐公司，而不再是电脑公司。”乔布斯向大家解释研发苹果播放器的重大意义，这也是他的战略目标。

研发工作在高度保密的情况下紧锣密鼓地进行着。整个研发团队有 30 多人，鲁宾斯坦是项目的总负责人。产品的外观设计由 iMac 的主设计师乔尼·艾弗负责，他被誉为苹果的设计大师。

乔布斯每两三个星期就召集会议，听取汇报，他对每一个关键的细节都会过问。乔布斯告诉工程师们，头脑里要牢牢记住一个目标：“最精简的操作，要去掉所有能够去掉的东西。”

4 月，托尼·法德尔完成了硬件模型的设计。托尼·法德尔早就耳闻乔布斯的眼光犀利挑剔，贬低工程师的设计从不留情。他特地准备了三个硬件模型送审，包括各自的配件组合和成本说明。其中一个方案是他和鲁宾斯坦看好的，另外两个方案是做陪衬的。果然，乔布斯看了第一个模型，皱着眉头说：“这个糟糕透了，操作太复杂！”

第二个模型，乔布斯只瞥了一眼说：“这个模样太丑，卖不出去。”

待到第三个模型亮相时，乔布斯说：“嗯，这个还有点意思。”

托尼·法德尔和鲁宾斯坦相互看了一眼，会意地一笑。“有点意思”就意味着被相中了。

接下来，由乔尼·艾弗进行外观设计。艾弗选用了白色和浅灰色作为主调，他解释说："白色是中性色彩，简约纯洁，用作音乐播放器的基调很酷。"

乔布斯的设计理念就是崇尚简约和追求完美，他很称赞乔尼·艾弗这个创意。"这是一个纯白色音乐魔盒！"乔布斯说。

乔布斯鼓励团队为音乐魔盒出谋划策。市场总监菲尔·席勒提了一个点子，他建议给播放器加一个飞轮追踪装置。

"我一直在想，播放器存放了上千首曲子，如何浏览选择呢？你总不可能按几百次按钮吧！如果装个飞轮追踪装置，你用大拇指旋转飞轮，就能滚动所有的歌曲。" 席勒说。

乔布斯听后大叫："就用这个！"

席勒的这个创意非常绝妙，后来成为音乐魔盒的一大亮点。所有的竞争对手都望尘莫及。

设计师说："这个播放器还应该有个开关键。"

乔布斯说："不，不需要开关键。这样更简单。"

乔布斯要求播放器的操作越简单越好，在三步操作之内就能找到想听的歌曲。在乔布斯的坚持下，播放器没有设置开关键。事实证明，这个设计很受欢迎：用户不听音乐时，播放器进入省电的休眠状态；用户开始听音乐时，播放器会自动醒来。

最后是给新产品命名。

乔布斯最初设想的是"数字中枢"（Digitai Hub）。广告策划人奇科说这个名字太长，他建议不如用宇宙飞船的"分离舱”(Pod) 命名。理由是这个词字母少，而且“分离舱”要从母舰补充燃料、食物等物品，这相当于播放器从 Mac 电脑上下载音乐。他的解释有点转弯抹角，乔布斯开始并不喜欢。

乔布斯正踌躇间，不知谁说了句:“Pod 还有个意思，是‘豆荚’。”

“豆荚，很灵巧哦！OK。”灵巧正是音乐魔盒的特点，乔布斯立马拍板同意了。于是，这个日后成为苹果公司头号产品的小精灵被命名为“iPod”。

2001 年 10 月 23 日，iPod 横空出世，轰动了电脑业和音乐界。

在库比蒂诺苹果总部举行的发布会上，乔布斯向媒体展示了这款白色音乐魔盒。乔布斯宣称：

“原始社会没有所谓电子记事本时，就已经有音乐了。人类对音乐的热爱刻在我们每个人的 DNA 中。今天，音乐已经数字化，CD 机可以听 10 来首歌曲，MP3 播放器可以容纳 150 首，歌厅的 CD 点唱机可以储存

乔布斯与 iPod(《新闻周刊》封面)

约 1000 首。现在，我向各位隆重介绍苹果新开发的 iPod——这个神奇的白色音乐魔盒，它的最大突破是——可以存放 1000 首 MP3 歌曲！你带上 iPod 出门，庞大的音乐库就装在你的口袋中……”

接着，乔布斯介绍了 iPod 的技术参数。

媒体记者和来宾们都睁大眼睛，期待着乔布斯揭开新产品的面纱，但讲台的桌子上并没有遮盖布。正当大家纳闷时，乔布斯微笑道："我的口袋里刚好有一个！"

说着，他把手伸进牛仔裤口袋里，拿出一个精巧的白色小机器。它耀眼夺目，漂亮极了，足以让所有的音乐播放器黯然失色。乔布斯向观众展示了机器的侧面，接着是钢制背面，最后是带旋转飞轮的正面。

他向台下观众挥动着手中的 iPod，台下掌声不断。

“这个绝妙的小精灵就是 iPod。它里面装着 1000 首歌曲，而且刚好能放进我的口袋中。”说完，乔布斯又把 iPod 放回裤子口袋里。台下爆发出一片喝彩声。

iPod 的诞生宣布了电子音乐的一场新革命，传统的电子音乐市场完全被颠覆了。iPod 定价每台 399 美元。产品刚面市时，有用户抱怨能下载的曲目太少，1000 首的容量根本装不满。

乔布斯知道，要让数字音乐产业发生天翻地覆的革命，除了在硬件上进行突破之外，还需要解决正版音乐源的问题。经过两年多的不懈努力，乔布斯终于说服了世界五大唱片公司（华纳、贝塔斯曼、EMI、索尼、环球），为苹果的iTunes网上音乐商店提供音乐内容。iTunes每卖出一首歌曲收99美分，交给唱片公司65美分的利润分成，iTunes因此得到了100万首正版歌曲。

2002年4月，新版iTunes正式发布，音乐发烧友们欣喜若狂。iTunes上歌曲的销售非常火爆，新版iTunes刚推出6天，就完成了原定6个月销售100万首歌曲的任务。到2005年1月，总共卖出2.5亿首正版歌曲。

由于从iTunes网上音乐商店购买（付费下载）的歌曲，只能在苹果的iPod上播出，由此带动了iPod的销售量大幅攀升。2005年当年就销售出2000万台，iPod成为苹果公司的头号产品。到2007年4月，iPod全球销量超过了1亿台。

iPod不仅成为一个畅销品牌，还成为一种时尚文化标志。许多名人都很青睐iPod，并以拥有iPod为荣，包括大导演斯皮尔柏格、著名球星贝克汉姆、爱尔兰U2乐队主唱博诺以及香奈儿艺术总监拉格斐等人，据说他们每个人都拥有几十只iPod。

iPod彻底变革了人们聆听、购买音乐的习惯。一次，乔布斯在纽约街头散步，满街都能见到iPod的影子，他不禁感慨道："在每一个角落，我都能碰到很多带着白色播放器的人。哦，我的天，我的梦想成为现实了！"

乔布斯从前的伙伴、苹果的另一位创始人沃兹也是iPod的拥趸。作为一个音乐爱好者和设计师，他拥有很多音乐播放器。iPod 面世时，沃兹很激动，立刻买了一部。虽然觉得贵了一点，但在一次坐飞机时试用后，他感觉非常好，从此他再也不用其他款的播放器了。沃兹称赞道："苹果用 iTunes 软件和iPod 硬件作为组合搭配，两者双剑合璧，让人叹服。因为苹果可以同时提供软件和硬件，这能使产品日臻完美。"

苹果的前首席财务官弗莱德·安德森后来说："凭借着 iPod 和 iTunes 软件，苹果公司实现了华丽转身，从一家传统的电脑公司转型为一家电子消费品公司，而且借助其卓越的软件和设计优势，推出了 iPhone 和 iPad 等创意非凡的产品，由此开始进入新的产品领域。"

正是乔布斯将苹果带上了世界科技之巅，持续推出诸多革命性产品，改变着时代生活方式。

iPhone 神话

HUIHUANG

2005 年 6 月 12 日，乔布斯接受斯坦福大学的邀请在毕业典礼上作演讲。

这一天阳光明媚，斯坦福大学的体育场是一片欢腾的海洋。主席台前，场地中央的绿草地上排放着椅子，上面坐满了头戴方形学位帽、披着礼袍的男女学子。在梯形观众台上，有上万名来自全球各地的学生家人和亲友观礼。

主席台上，披着红袍的斯坦福大学校长宣布："请与我一起欢迎本届毕业典礼的演讲嘉宾史蒂夫·乔布斯。”

乔布斯微笑着从椅子上站起来，他身穿红领教授长袍，手里拿着讲稿。在一片掌声中，乔布斯与校长握手，然后站到讲台前，从容地讲起来：

“今天，我很荣幸能和你们一起参加毕业典礼，斯坦福大学是世界上最好的大学之一。我从来没有从大学毕业，说实话,今天也许是我的生命中离大学毕业最近的一天了。”台下一片欢呼。

乔布斯演讲的题目是《我生命中的三个故事》。“今天，我只说三个故事，不谈大道理，三个故事就好。”

他讲的第一个故事，是关于人生中的点点滴滴如何串联在一起。他从里德学院退学讲起，讲了自己从小被收养的经

乔布斯在斯坦福大学毕业典礼上演讲

历，以及在里德学院学到的东西后来如何使他受益无穷。

第二个故事，是有关爱与失去。讲他如何被自己创办的苹果公司解雇了，又如何重新振作起来，创立 NeXT 和皮克斯公司，最后浴火重生，重返苹果，并且有了一个美好的家庭。

乔布斯说:“有时候，人生会用砖头打你的头，不要丧失信心。我确信我爱我所做的事情，这就是这些年来支持我继续走下去的唯一理由。”

第三个故事，是关于死亡。乔布斯说，在他 17 岁时曾读到一则格言:“把每一天都当成生命中的最后一天，你就会轻松自在。”这句格言对他影响很深远。在过去的 33 年里，他每天早上都会照镜子自问:“如果今天是此生最后一天，我今天要做些什么?”

接着，乔布斯讲述了一年前与死神擦肩而过的事。

2003 年 10 月，乔布斯被诊断出癌症。他在做断层扫描时，在胰脏意外发现了一个肿瘤。医生告诉他，这是一种不治之症，预计他大概只能活 3~6 个月，甚至建议乔布斯回家好好和亲人们聚一聚。“这通常是医生对临终病人说的。”乔布斯说，那意味着在几个月内要把未来十年想跟孩子说的话讲完，得把每件事搞定，家人才会轻松。“你到了说再见的时候。”当天晚上，医生给他做了一次切片检查，从喉咙伸入一个内视镜，将探针伸进胰脏，取了一些肿瘤细胞出来。当医生用显微镜看过那些细胞后，他们都笑了，因为那是很少见的一种胰腺癌，可以用手术治好。

乔布斯说:“所以我接受了手术，康复了。这是我最接近死亡的时候，我希望那会继续是未来几十年内最接近的一次。”

阳光洒在他的脸上，他的表情凝重，两鬓微露斑白。

乔布斯继续说:“没有人想死，即使那些想上天堂的人，也想活着上天堂。但是死亡是我们共同的终点，没有人逃得过。这是注定的，因为死亡很可能就是生命中最棒的发明，是生命交替的媒介，送走老人，给新生代空出道路。现在你们是新生代，但是不久的将来，你们也会逐渐变老，被送出人生的舞台。抱歉讲得这么戏剧化，但是这是真的……”

最后，乔布斯告诫年轻学子们说:

> 你们的时间有限，所以不要为别人而活，不要被信条所限，不要活在别人的观念里，不要让别人的意见左右自己内心的声音。最重要的是，勇敢地去追随自己的心灵和直觉，只有自己的心灵和直觉才知道你自己的真实想法，其他一切都是次要的。在你们即将毕业、开始新的旅程的时候，我也希望你们能做到这样:
>
> 求知若渴，虚心若愚。
>
> 非常感谢你们。

乔布斯经历了死亡的考验。这一刻，他并不知道自己的生命只剩下最后6年。乔布斯是一个禅宗佛教徒，发现胰腺癌时他坚持不愿动手术，只采用食疗、草药等保守疗法，拖了9个月他才接受了手术，摘除了肿瘤。但不幸癌细胞已经扩散，乔布斯不得不开始接受化疗。

死神的光顾，并没有让乔布斯停下跋涉攀登的脚步。

信息产业日新月异，任何一个产品如果不更新，就会被淘汰。任何一家公司都是这样，不创新，毋宁死。乔布斯敏锐地意识到，iPod并不是苹果产品的终结。在新的世纪里，人类信息交流的欲望和需求前所未有地膨胀。不到10年时间，手机已经普及，成为现代人的宠儿。手机的用途，也从单一的电话功能发展成多种功能。一部手机的革命时代已经来临。

乔布斯率领苹果公司果断地投身到这个浪潮中，同包括摩托罗拉、诺基亚、爱立信等在内的众多老牌厂商展开了角逐。经过两年的奋战，苹果公司终于脱颖而出，拔取头筹。

2007年1月9日，在旧金山召开的Macworld大会上，乔布斯公布了苹果研发的最新产品——iPhone。4000多位来宾目睹了这一盛况。

乔布斯穿着牛仔裤、黑色高领长袖T恤，矫健地登上讲台。他的身后是一幅巨大的屏幕。乔布斯开场白说："每隔一段时间，就会出现一个能改变一切的革命性产品。1984年，我们推出了第一台Mac，改变了整个电脑行业。2001年，我们发明了iPod，改变了整个音乐产业。今天，我们将宣告三款革命性产品的诞生。"

台下响起了热烈的掌声和欢呼声。

乔布斯手握遥控器微笑着说:“第一个是带有触控的宽屏iPod，第二个是一个革命性的手机，第三个是前所未有的互联网通信工具。”他身后的大屏幕上，逐一显出一个iPod、一部手机和一个互联网标记。台下掀起阵阵欢呼声和尖叫声。

乔布斯举起双臂，用一个开放的手势强调说:“一个iPod，一部手机，一个互联网通信工具。你猜到了吗?这不是三样东西，这只是一个完美的产品——我们叫它iPhone!”

大屏幕上显示出iPhone样机的照片，台下欢声雷动。

乔布斯继续介绍说:“iPhone是一款革命性的、令人不可思议的产品，它比市场上的其他手机至少领先5年。我们应用了世界上最灵活的触点操作系统——那就是我们的手指。我们发明了一项技术——多点触控界面。采用这项神奇的技

乔布斯在iPhone发布会上

术，人们能同时使用多个手指进行操作。”

接着，乔布斯演示了 iPhone 的操作。观众们惊叹不已，发布会取得巨大成功。乔布斯始终面带微笑，他的举止从容潇洒，充满了自信，看不出胰脏病变对他的身体造成的损害。

苹果公司再一次创造了 IT 业的神话。几乎一夜之间，市面上的手机仿佛都过时了，人们争相谈论苹果的 iPhone，并且翘首以待。

媒体报道说:“iPhone 是一款划时代的作品。”

“这是自贝尔发明第一台电话之后，最值得人们期待的一款手机。”

2007 年 6 月 29 日，iPhone 正式发售。首批上市的产品有两款：一款存储器为 4GB，售价 499 美元；另一款存储器为 8GB，售价 599 美元。

iPhone 刚一面世，立即引发了人们的购买狂潮。为了体验使用这一革命性产品带来的惊喜，许多人提前在零售店前排起了长龙，大批苹果粉丝甚至带着睡袋通宵守候。乔布斯的原定目标是 6 个月卖掉 100 万部手机，意想不到的是，在短短一星期内 100 万部 iPhone 就被抢购一空。iPhone 发布 200 天后，共卖出 400 万部。平均每天销售 2 万部！到 2010 年底，苹果公司已销售 9000 万部 iPhone，其利润占全球手机市场利润的一半以上。

iPhone 手机彻底颠覆了手机制造业。在 iPhone 发布前，用户满足于配备键盘的小屏幕手机。如今这一切都成为过去，消费者都会购买配备大触摸屏的手机，缺乏这些因素的产品都会被淘汰。

iPhone 的销售，大幅度地拉动了苹果公司的业绩。2007 年，苹果的销售收入高达 240 亿美元，同比增长 24%；利润达到 35 亿美元，同比增长 75%。苹果的股价，从 2006 年年末的 84.84 美元，飙升到 198.08 美元，整整翻了一倍多。苹果公司的市值，一跃而超过了惠普和“蓝色巨人”IBM！

iPad 旋风

HUIHUANG

2008 年春天，乔布斯的身体状况开始恶化，他的体重骤减了 40 磅，这令妻子劳伦娜和亲友们很担心。

乔布斯是一个严格的素食者，不吃肉，有时只吃苹果、意大利面条，有时甚至以胡萝卜沙拉和柠檬为食，因此，他摄入的蛋白质很少。劳伦娜也是一个素食主义者，但在乔布斯动手术后，她为家里的膳食搭配了鱼和鸡蛋，希望给乔布斯增加蛋白质营养。尽管这样，乔布斯的身体状况仍然没有大的起色。胰脏的功能是分泌消化蛋白质所需要的酶，乔布斯手术时切除了大部分胰脏，身体对蛋白质的消化能力大大下降。还有，常年的饮食习惯也使他对许多有营养的食品很排斥。

6 月 9 日，乔布斯出席了 iPhone3G 发布会。他依然是招牌式的牛仔裤和黑色高领长袖T恤装束，精神不错，但大家发现他消瘦了很多。

有个哗众取宠的记者，次日发表了一篇文章调侃说："乔布斯穿着曾经象征他刀枪不入的战袍，但却像海盗般骨瘦如柴。"这引起许多读者和股民的质疑。一时间，关于乔布斯身体状况的流言甚嚣尘上。有批评人士怀疑乔布斯癌症复发，呼吁苹果向投资人披露高管的健康状况。苹果公司为此发表了一个声明，称乔布斯体重减轻是因为"感冒使用抗生素所致，并无大碍"。

随后，乔布斯接受了《纽约时报》记者乔·诺塞拉的采访，说自己患的病远比感冒严重，不过幸好还不足以致命。乔·诺塞拉在专栏里透露："乔布斯的身体状况良好，没有生命危险，癌症也没有复发。"但时过一个月，质疑之声仍不绝于耳。苹果公司再次发表声明，说这是"史蒂夫·乔布斯的私事"。

乔布斯的身体状况的确属于隐私，但作为一个公众人物、一家市值上千亿美元的上市公司的CEO，乔布斯的身体状况却关系着人们对苹果的信心。有人戏言说："乔布斯打个喷嚏，苹果的股价都会抖三抖。"果然，2008年7月底，苹果的股票从6月底的188美元下跌至156美元。

更具戏剧性的是，一家名叫彭博资讯公司的通讯社也跑来凑热闹。8月27日下午，彭博通讯社在网上发布了一条事先拟好的"讣告"，宣布"苹果公司创始人和CEO史蒂夫·

乔布斯于今日凌晨不幸病故”。“讣告”称赞乔布斯“使得个人电脑像电话一样易于使用、改变了动画电影的制作模式、吸引消费者转向数字音乐、令手机重现时尚感”。半个小时之后，彭博通讯社又急忙发布更正说：“该新闻因电子故障误发，已删除。”据说，这家通讯社为微软董事长比尔·盖茨也预先拟好了讣告，不过一直没捞着发布的机会。

9月9日，乔布斯在旧金山举行的 Macworld 大会上现身，介绍 iPod 的新进展。他面容清癯，神态自如。

在介绍新产品之前，乔布斯面带微笑幽默地说：“在开始谈产品前，我想先引用马克·吐温的一句话：关于我死亡的流言只是运用了夸张的修辞手法。”

台下爆发出嬉笑和长时间的掌声。人们看到苹果的英雄乔布斯又回来了！

四年来，乔布斯以莫大的毅力与癌症作斗争。他没有被病魔打垮，只要一息尚存，他就会继续率领苹果员工书写改变世界的英雄史诗。

2009 年 1 月，乔布斯接受医生的建议，准备做肝脏移植手术。

在离职之前，乔布斯给苹果的员工写了一封充满感情的信。他在信的结尾写道：“在过去的 11 年，我把我的全部都贡献给了苹果公司。如果我不能再继续担任总裁一职，我将第一时间告知苹果公司董事会，也希望大家一如既往地支持我的工作，我相信我会把公司的利益放在第一位。”

为了早些等到器官捐赠名额，妻子劳伦娜和妹妹莫娜陪乔布斯飞到田纳西州的孟菲斯。这里有家卫理公会大学医院移植研究所，医疗条件很好。刚从哈佛大学毕业的女儿丽莎也赶来看他，给乔布斯带来莫大的安慰。3月，乔布斯终于排上了号，一个因车祸丧生的年轻人捐出了器官。肝脏移植手术很复杂，风险也很大。我国著名科普学者童恩正就是在美国做肝脏移植手术时丧命的。所幸的是，乔布斯的移植手术很成功。不过，医生在他的肝脏上发现了疑似转移的癌细胞。

5月底，乔布斯返回库比蒂诺，在家里调养。他的身体恢复良好。

6月，乔布斯回到苹果公司上班，他立即启动开发新项目——革命性的触屏平板电脑。“活着就是为了改变世界。”乔布斯是用自己的生命作最后一搏。

这款新产品被命名为“iPad”。“i”的意思，表示苹果的互联网系列产品；“pad”表示超薄电脑。“pad”这个词有“垫子”之意，我们用的“鼠标垫”就叫“mouse pad”，所以“pad”给人的感觉就是非常薄。“pad”还有一个意思是“便签”，所以“pad”给人的感觉就是很薄的笔记本电脑。所谓iPad，给用户的感觉就是——我的超薄电脑！

iPad触屏平板电脑采用多点触控界面技术，这是苹果公司的专利，最早用在iPhone上。可以说，如果没有iPhone，也就不会有iPad。不过，研制平板电脑的想法早就存在了，而且不止苹果公司一家。据说微软公司也曾试图开发平板电脑，不过比尔·盖茨的思路是用手写笔输入，而不是用手指触控屏，所以他永远比乔布斯慢半拍。

2010年1月27日，在全球媒体和用户的瞩目下，iPad在旧金山Macworld发布会上亮相。乔布斯也许意识到这次发布会可能是自己的绝唱，他邀请了苹果公司当年的一些创业者出席发布会，还特地请来给他做手术的两位医生，其中一位2004年给他做过胰脏手术，另一位刚给他做了肝脏移植。他想让他的两位“救命恩人”见证这历史的一刻。乔布斯携妻子劳伦娜和妹妹莫娜，一起坐在嘉宾席中。

在数千来宾和观众的欢呼声中，乔布斯登上发布会讲台，依然是牛仔裤和黑色高领长袖T恤装束，他的身材消瘦，但雄风不减，双目炯炯有神。他像一头年迈的雄狮，在草地上健步巡逻。

乔布斯在iPad发布会上

“iPad是一个全新的东西，”乔布斯双手把iPad捧在胸前，微笑着说，“我们很高兴为用户提供这款神奇的和革命性的产品。”

接着，乔布斯介绍了iPad的革命性和它与众不同的特点。他宣称这是苹果自 2007 年推出 iPhone 以来的又一个划时代的产品。最后，乔布斯特别指出:“苹果公司之所以能够创造出 iPad 这样的产品，是因为我们一直努力将科技和人文艺术融合在一起。”

iPad 的发布，再一次颠覆了人们对电脑的传统观念。

一位网友赞叹道:“没有键盘但附有虚拟键盘、触屏滚动选项和手写输入是 iPad 的几大特色。电脑为什么一定要有键盘和鼠标？为什么一定要折叠起来？用的时候要掀开启动，得浪费生命等上三分钟。因此，iPad 的概念是划时代的。”这位苹果迷调侃说:“以前日本武士出门，会带上长刀和短刀。未来新人类、企业战士出门，会带上 iPhone 和 iPad，前者小巧便利，可作移动通讯用；后者可作深层资讯处理用。未来趋势，目前已隐约可见。”

2010 年 4 月初，iPad 上市，售价 499 美元，内存 16GB。

这款神奇的平板电脑厚 1.27 厘米，重量只有 680 克，配备一个 9.7 英寸的触摸屏（支持多点触摸），采用频率为 1GHz 的苹果 A4 芯片，配合额外的电池，续航能力能达到 10 小时。它一投放市场，立即掀起抢购热潮。一周后，苹果美国专卖店几乎全部断货，不到一个月就售出 100 万台。在 80 天内售出 300 万台。

比尔·盖茨在接受采访时被问及对苹果 iPad 的评价，他承认:“是的，无论是从整体上来看，还是从细节上来说，苹果都干得很好!”

到 2011 年 3 月，iPad 的销量已达 1500 万台。

媒体报道说：“在 iPad 之前，数十家公司都开发过平板电脑，但没有一款产品获得成功。iPad 最终打破了这一局面，创造了一个计算机的全新种类。在 iPad 发布之前，平板电脑就已经诞生，但没有一款产品真正引起主流用户的关注。事实上，这一市场几乎等同于并不存在。但当 iPad 上市后，一切都改变了。”

iPad 成为时尚的标志、技术时髦的象征。青年学生、白领精英、办公族都纷纷玩起 iPad 来。据说，连奥巴马的顾问们也一个个成了 iPad 的追捧者。笔者在美国、加拿大的朋友发 E-mail 过来时，也会在结尾潇洒地附上一笔：“发自我的 iPad。”

在福布斯网上，还流传着一个故事：在哥伦比亚首都北部农村有个奶牛场的农场主，正在自己的 iPad 上读科幻小说。一个打扫马厩的 6 岁小男孩走过来，对 iPad 很好奇，于是农场主把手中的 iPad 递给他。小孩从来没有用过电脑，只是凭自己的直觉鼓捣起这台 iPad 来。他开始用手指在屏幕上滑动，然后启动了游戏程序，玩起弹子游戏来！这位农场主感叹道：“如果这还不算神奇，那我真不知道有什么东西算神奇啦！”

2010 年 5 月，iPad 在美国以外的 9 个国家进行发售，包括澳大利亚、日本、英国、法国、德国、意大利、西班牙、瑞士和加拿大。而粉丝的追捧与热情一如从前，很多国家又出现了粉丝彻夜排队的现象。在澳大利亚的悉尼，数以百计的苹果迷在苹果旗舰店门外通宵等候，人龙长约 200 米。排头位的 22 岁粉丝早在 27 日凌晨就开始排队，足足排了 30 个小时。7 月，iPad 相继在中国香港、新加坡、爱尔兰、卢森堡、奥地利、比利时、墨西哥、荷兰和新西兰等地上市。

全世界都卷起了 iPad 的旋风。

iPad 的销售大大推升了苹果公司的股价。

2010 年 5 月 26 日，苹果股价收报价为 244.11 美元，市值 2221.2 亿美元。微软股价收报价为 25.01 美元，市值 2191.8 亿美元。苹果超过微软，成为全球最大的高科技公司。

从 1997 年乔布斯重回苹果算起，在他的带领下，这家濒临破产的公司只经过短短的 13 年，就发展成世界最大的高科技公司。

这是 iPhone 和 iPad 的神话，也是乔布斯的神话。苹果的前首席财务官弗莱德·安德森说："只有乔布斯理解苹果的创新灵魂，懂得怎样结合艺术和科技去创造出伟大的产品。乔布斯的强大人格魅力、远见卓识和超凡品味不可复制，世上也许永远不会再有第二个乔布斯。"

平静地离去

HUIHUANG

2010 年 4 月 12 日，乔布斯被登在《时代》杂志封面上。他面孔清瘦，精神矍铄，脸上布满了络腮胡须。从这一刻起，他的生命时钟开始倒计时。

这年6月，乔布斯参加了长子里德的高中毕业典礼。

2011年2月17日，乔布斯及硅谷巨头们与美国总统奥巴马共进晚餐。

乔布斯被登在《时代》杂志封面上

3月2日，乔布斯最后一次出现在旧金山Macworld发布会上。

这次发布会的主题是为iPad 2造势。人们都以为病休中的乔布斯不会到场，但在开幕之前乔布斯却意外地出现了，给了大家一个惊喜。

乔布斯异常消瘦，脸上带着笑容，缓步走上讲台。

"iPad是苹果的骄子，我可不想错过今天。"他说。

观众全体起立，鼓掌欢呼。

乔布斯介绍了iPad 2的改进并作了演示。乔布斯在台上精神焕发，他的演说持续了20分钟。最后，乔布斯说："我一直认为苹果的定位，处于人文艺术和科学技术的交界处。

苹果的基因决定了只有技术是不够的。我们深信，只有科技和人文艺术联姻才能让我们的心灵唱歌。后 PC 时代的电子设备与 PC 时代的电子设备相比，其软件、硬件和应用都要结合得更好。”

这位一手缔造了苹果神话的大师，道出了苹果成功的真谛。

3 月 18 日，乔布斯和劳伦娜举行了结婚 20 周年庆典。他们回到优山美地阿瓦尼酒店，重温当年的情景。为他们主持婚礼的乙川弘文禅师，已于 9 年前去世。

5 月的一天，比尔·盖茨开车来探望乔布斯，两人在客厅里谈了很长时间。比尔·盖茨称赞乔布斯创造了“那些令人难以置信的东西”。

8 月 24 日晚，苹果公司宣布乔布斯辞去 CEO 一职。

乔布斯在辞职信中写道:“我曾经说过，如果有一天我无法再履行苹果首席执行官的职责，无法满足大家的期望，我会第一个让你们知道。不幸的是，这一天来了。”

是过度的透支和操劳，损害了乔布斯的健康。1997 年乔布斯重返苹果后，要同时管理苹果和皮克斯公司，每天几乎工作 19 个小时。由于太劳累，他患上了肾结石，有时痛得导致虚脱。但他顾不上治疗，痛疼难忍时就开点止痛药对付。也许正是由于延误了治疗，造成了乔布斯的免疫能力的严重下降。

在与癌症进行了八年的抗争后，乔布斯消耗了太多，以

病中的乔布斯与妻子劳伦娜

至于出现在大众面前的机会越来越少，身体也一次比一次瘦。我们不知道乔布斯信中是否是在暗示，死神将要来临了。

乔布斯意识到，自己的时间已经不多了 。

他平静地打电话向老友道别。消息不胫而走，不断有人像朝圣一样涌向乔布斯的家，希望能看他最后一眼。但乔布斯的妻子劳伦娜拒绝了大多数人的请求，她总是满怀歉意地解释，乔布斯太虚弱了，不能接见如此多的来访者。

乔布斯生命的最后时光是与家人一起度过的。

乔布斯的妹妹莫娜说："在最后几周内，史蒂夫特别担心那些依靠他的人——苹果员工、四个孩子和他的妻子。在生命的最后时刻，他始终满怀歉意，为将要离开我们感到非常难过。"

10月5日下午3时，乔布斯与世长辞，享年56岁。

当天，苹果公司发布声明，称乔布斯“在家人的陪伴下平静地离去”。消息传开，全世界为之动容。苹果董事会的讣告如下：

> 我们今天沉痛宣告史蒂夫·乔布斯逝世。
>
> 史蒂夫·乔布斯的才华、激情和能量是无穷创新的来源，丰富和完善了我们所有人的生活，世界因他变得无限美好。
>
> 他对妻子劳伦娜和家庭付出了极大的爱。我们向他的家人，以及所有被他的杰出天才而触动的人表达哀悼之情。

刚刚继任苹果CEO的库克向苹果员工发表声明：“没有任何言语能表达我们对史蒂夫去世的悲伤，以及我们对于可以与他一同工作的感激。苹果失去了一位具有远见和创造力的天才，世界也失去了一个传奇人物。乔布斯留下了一家唯有他才能创立的公司，而他的精神也将永远成为苹果的基石……”

苹果联合创始人沃兹沉痛地说：“我们失去了一些无法挽回的东西。我认为苹果产品的独特之处很大程度上都得益于他个人的努力，而他为此也留下了一笔遗产。”

微软创始人比尔·盖茨说：“得知史蒂夫去世的消息，我陷入了深深的悲痛。世界上很少有人拥有乔布斯那样的影响力，他将继续影响今后几代人。对于我们来说，能与他合作很荣幸，这是无上的光荣。"

美国总统奥巴马在悼词中说道："史蒂夫很喜欢说，他过的每一天都像是最后一天。正如他所做到的，他改变了我们的生活，重新定义了整个科技产业，并取得了历史上罕有的成就：他改变了我们每个人看世界的方式。"

纽约市市长迈克·布隆伯格发表声明悼念乔布斯："今晚，美国失去了一位天才。乔布斯将与爱迪生、爱因斯坦一同被世界铭记，他的理念将改变世界，影响数代人。"

新闻集团董事长鲁珀特·默多克说："今天，我们失去了有史以来最具影响力的思想家、创造者和企业家。史蒂夫·乔布斯是他这一代人中最优秀的 CEO。对于他的去世，我感到深深的悲伤。他变革了人们的媒体消费方式和娱乐内容，我将铭记他在这方面的巨大影响。"

10 月 7 日，乔布斯悄然下葬。

在斯坦福大学礼堂里，乔布斯的妹妹莫娜发表了悼词。《纽约时报》全文报道了这篇感人至深的悼词。莫娜说起乔布斯最后的日子流露出无限感伤。"他努力了，他一直在努力，爱是他最大的动力。他是个性情中人。"

莫娜回忆说，乔布斯病重时非常惦记妻子儿女。乔布斯接受肝脏移植手术后，有一天他想站起来，但他的腿太虚弱，无法支撑起身体。他用手抓住椅子的后背，将椅子从医院走廊推到护士站，然后坐到椅子上休息一下，再走回去。

他每天都要数数自己走了多少步，每天都要增加一点。

有一段时间，乔布斯已不堪忍受病痛的折磨。他确定了自己的目标：儿子里德高中毕业、女儿埃琳到京都旅游、让自己所造的船下水以便带着家人周游世界，以及有一天自己与劳伦娜双双退休。

10 月 4 日早上，莫娜接到乔布斯打来的电话，让她快去医院。他的声音充满了关爱之情，但却有一种永别的意味。他开始向莫娜道别，莫娜打断了他："先别说，我正赶过来，我正在前往机场的出租车上。我很快就到。"乔布斯说道："我现在就说了，是担心你赶不上了。"

莫娜赶到医院时，乔布斯和劳伦娜正相互打趣，就像工作和生活中的伙伴那样。他看着孩子们的眼睛，视线久久不能离开。

莫娜说，在乔布斯生命的最后几个小时，他一遍一遍地做深呼吸，他似乎又一次在计算着自己的步子，想努力走得更远一些。从呼吸可以判断，他在走一段艰难的旅程，像是在爬山一样。

不久之后，乔布斯的心脏停止了跳动。在离开这个世界以及至爱的亲人之前，乔布斯看了看自己的妹妹莫娜，又看了看他的孩子们，然后转向妻子劳伦娜，最后他的目光停留在远方。

乔布斯生前最后一句话："OH WOW，OH WOW，OH WOW！"(哦，哇!)

附：

乔布斯生平简历

1955 年　2 月 24 日乔布斯出生在旧金山，是一个私生子，出生后被保罗夫妇收养。

10 月 28 日，比尔·盖茨出生在西雅图一个中产阶级家庭。

1960 年　乔布斯 5 岁时全家搬到山景城，进入蒙塔洛马小学读书。读小学四年级时，遇到希尔老师，对他鼓励很大。

1967 年　乔布斯一家搬到洛斯阿尔托斯市克莱斯特路 11161 号。他先后就读于库比蒂诺的两所中学——库比蒂诺中学和家园高中。

1968 年　乔布斯成为惠普公司的夏季实习生。

13 岁的比尔·盖茨认识了 15 岁的同学保罗·艾伦，成为好朋友，两人后来创办了微软公司。

1970 年　乔布斯 15 岁时认识了 20 岁的史蒂夫·沃兹，成为好朋友，两人后来共同创办了苹果电脑公司。

1971 年　乔布斯与沃兹一起设计销售盗打电话的“蓝匣子”。

1972 年　乔布斯高中毕业，进入里德学院上学。一学期后退学，仍在里德学院旁听了一年课。

1973 年　1 月，沃兹在惠普公司找到了一份工作。

9月，比尔·盖茨进入哈佛大学读法律专业。两年后比尔·盖茨从哈佛大学辍学，与艾伦联手经营微软公司。

1974年 年初，乔布斯回到洛斯阿尔托斯市，在雅达利游戏机公司打工。5月，去印度旅行，寻找精神导师。

秋天返回美国，继续在雅达利公司打工。

在洛斯阿尔托斯的禅宗中心学禅，受禅师乙川弘文的影响很大。

请沃兹帮忙为雅达利公司研发“打砖墙”游戏，获得第一桶金。

1975年 1月，牛郎星8800发布，乔布斯和沃兹大受鼓舞。

与沃兹一起参加家酿电脑俱乐部。

同一时间，比尔·盖茨和保罗·艾伦也为“牛郎星”而激动。

4月4日，比尔·盖茨与保罗·艾伦成立了微软公司。

6月29日，沃兹成功地组装好了苹果I。这是世界上第一台能将键盘输入及时地显示到屏幕上的电脑。

1976年 4月1日，乔布斯与沃兹、韦恩共同创立了苹果电脑公司。不到两周，韦恩卖掉股份退出公司。

乔布斯全家总动员，与沃兹夜以继日地在克莱斯特路11161号车库里组装出50台苹果I，交给字节商店销售。

秋天，沃兹完成了苹果Ⅱ的设计。

迈克·马库拉决定以个人名义投资苹果电脑公司。

1977 年　1月，沃兹辞去惠普公司的职务，全职投入苹果公司的工作。

1 月 3 日，苹果电脑有限公司正式注册。

2 月，马库拉聘请迈克·斯科特出任苹果公司的 CEO。

4 月 17 日，苹果Ⅱ在首届西海岸电脑展览会上首次亮相，刮起了电脑行业的风暴。在展览会上乔布斯首次与比尔·盖茨会面。

1978 年　5 月 17 日，乔布斯与女友克里斯安非婚生女儿丽莎出世。乔布斯起初拒绝承认这个女儿，由克里斯安独立抚养。多年后，乔布斯终于承认了与丽莎的父女关系。

苹果公司启动了“丽莎”项目。

1979 年　杰夫·拉斯金开始设计一款新电脑 Mac。

1980 年　5 月 19 日，苹果公司发布苹果Ⅲ，但一直滞销，后来以惨败收场。

12 月 12 日，苹果公司上市。一夜之间，苹果公司的市值飙升到 17.78 亿美元。乔布斯个人的资产变成 2.175 亿美元，成为美国最年轻的亿万富豪。这时微软还是一个小公司，比尔·盖茨的个人资产远低于乔布斯。

1981 年　1 月，乔布斯接管了 Mac 团队。

沃兹驾驶飞机起飞时飞机坠毁，沃兹大难不死。

2月25日,“黑色星期三”，斯科特解雇了40余名员工，引起众怒。

3月，董事会免去斯科特的CEO职位，由马库拉接替。几个月后，斯科特辞职离开苹果公司。

8月，IBM公司发布了个人电脑IBM PC机。苹果公司在《华尔街日报》上刊登广告:“欢迎，IBM。真的。”

1982年 2月，乔布斯被登在《时代》杂志封面上。

1983年 1月，苹果公司开发的丽莎电脑面世，这是市场上第一台拥有图形用户界面的个人电脑。

4月，斯卡利被聘请出任苹果公司的CEO。

1984年 1月23日，苹果在美国职业橄榄球联赛“超级杯”决赛时段播出广告“1984”，为即将上市的Mac造势，引起轰动。

1月24日，苹果公司发布了Mac电脑。

4月，苹果Ⅲ正式停产。

年底，Mac销量锐减，乔布斯和斯卡利的关系开始恶化。

1985年 乔布斯与沃兹一起获得里根总统颁发的国家技术奖，这是美国最高荣誉。7年后，比尔·盖茨也获得由布什总统颁发的国家技术奖。

2月，沃兹辞职离开苹果，但保留苹果公司的顾问身份。

4月，乔布斯和斯卡利之间的矛盾愈演愈烈。

5月，乔布斯试图赶走斯卡利。在内部权力斗争中，斯卡利得到了董事会的支持，从而解除了乔布斯在 Mac 项目组的职务。

6月至7月，乔布斯到欧洲作商业旅行，仍希望留在苹果公司，但事与愿违。

9月，乔布斯正式辞去苹果董事长职务，创立新公司 NeXT。

1986年 2月，乔布斯收购了卢卡斯影业的动画工作室，将新公司命名为皮克斯。

乔布斯找到了生母乔安妮·席贝尔和亲妹妹莫娜。

3月13日，微软股票上市，微软公司的市值飙升到8.5亿美元。比尔·盖茨拥有的股票价值为3.5亿美元，他的个人资产超过了乔布斯，成为美国最年轻的亿万富豪。

8月，皮克斯发布了动画短片《顽皮跳跳灯》。

1987年 11月，罗斯·佩罗投资 NeXT 公司。

1988年 10月12日，乔布斯发布了 NeXT 电脑。

1989年 夏天，NeXT 电脑正式投产，但销售惨淡。

9月18日，NeXT 发布操作系统 NeXTSTEP。

佳能公司向 NeXT 投资1亿美元。

秋天，乔布斯在斯坦福大学演讲时结识了正在攻读研究生学位的劳伦娜·鲍威尔。

1990 年　4 月，因为皮克斯图形计算机的销售状况不佳，乔布斯卖掉了皮克斯的硬件部门。

1991 年　皮克斯与迪斯尼签署了拍摄动画电影的合同。

蒂姆·伯纳斯·李使用 NeXT 电脑在欧洲核子研究中心搭建了世界上第一个万维网浏览器。

3 月 18 日，乔布斯和劳伦娜·鲍威尔在优山美地举行婚礼。主婚人是乙川弘文禅师。

8 月，乔布斯和比尔·盖茨同时被登在《财富》杂志封面上。《财富》杂志记者称他俩是“两个可怕的微机小子”。

1993 年　2 月，NeXT 公司改名为 NeXT 软件公司，彻底放弃了硬件业务。

6 月，因业绩下滑，苹果解除了斯卡利的 CEO 职务，由斯平德勒出任苹果 CEO。苹果开始大裁员。

10 月 15 日，斯卡利黯然离开苹果。

11 月，苹果Ⅱe 停产，标志着苹果Ⅱ这一经典品牌的终结。

1995 年　11 月 22 日，皮克斯公司第一部动画长片《玩具总动员》上映，引起轰动。

11 月 29 日，皮克斯公司成功上市。

7 月 17 日，比尔·盖茨在 39 岁时成为全球首富，财富总额达 129 亿美元。8 月 24 日，具有里程碑意义的 Windows 95 首次发行。随后在全世界刮起了 Windows 95 旋风。

1996 年 1 月，苹果公司宣布大幅亏损。苹果大裁员。阿梅里奥取代斯平德勒成为苹果 CEO。

3 月,《玩具总动员》获得第 68 届奥斯卡电影节特别成就奖，同时还获得三项提名。

8 月 7 日，克林顿总统与乔布斯及 14 位硅谷 CEO 在乔布斯位于帕洛阿尔托的别墅用餐。

12 月 20 日，苹果公司宣布以 3.775 亿美元现金和 150 万股股票，收购 NeXT 公司，乔布斯以顾问身份回归苹果。

1997 年 7 月 4 日，苹果董事会解除了阿梅里奥的 CEO 职务。

8 月，微软给苹果注资 1.5 亿美元，购买苹果的无投票权股票，并为苹果开发 Office 和 IE 浏览器。这笔资金拯救了危在旦夕的苹果。作为回报，苹果放弃对微软侵犯版权的诉讼。

9 月 16 日，乔布斯被正式任命为苹果公司临时 CEO。

1998 年 推出“非同凡响”广告，重塑苹果品牌。

6 月，苹果公司的股价为 7.25 美元，苹果公司市值为 60 亿美元。相比之下，这时微软公司的股价为 29 美元，市值为 2500 亿美元。

8 月，苹果 iMac 电脑正式发售，大获成功。

10 月 14 日，苹果宣布 1998 年是自 1995 年以来的第一个赢利年。

1999 年　秋季，苹果发布 iBook 便携电脑。

2000 年　1 月 15 日，乔布斯宣布成为苹果公司正式 CEO。董事会奖励他 1000 万股苹果股票期权和一架麦道商用喷气式飞机。

2001 年　10 月 23 日，苹果发布 iPod，轰动了电脑业和音乐界。

2003 年　4 月，苹果发布 iTunes 音乐商店。

10 月，乔布斯被诊断出患有胰腺癌。

2004 年　7 月，乔布斯接受胰腺癌切除手术。

2005 年　6 月 12 日，乔布斯在斯坦福大学毕业典礼上发表了激动人心的演讲。

2006 年　1 月，迪斯尼宣布收购皮克斯。乔布斯成为迪斯尼董事会成员和最大的个人股东。

2007 年　1 月 9 日，在旧金山举行的 Macworld 大会上发布了 iPhone。

4 月，iPod 全球销量超过 1 亿台。

6 月 7 日，比尔·盖茨在哈佛大学毕业典礼上发表演讲。

6 月 29 日，iPhone 正式发售。

2008 年　6 月9 日，乔布斯出席 iPhone3G 发布会，显得异常消瘦。

8 月 27 日，彭博通讯社错误地发出了乔布斯的“讣告”。

9 月 9 日，乔布斯在旧金山的 Macworld 大会上现身，引用马克·吐温的话说："关于我死亡的流言只是运用了夸张的修辞手法。"

2009 年　3 月，乔布斯在田纳西州孟菲斯市接受肝移植手术。

6 月，乔布斯返回苹果工作。

11 月 5 日，乔布斯被《财富》杂志评选为"十年最佳 CEO"。

2010 年　1 月 27 日，苹果发布 iPad。

4 月初，iPad 正式发售。

4 月 12 日，乔布斯被登在《时代》杂志封面上。

5 月 26 日，苹果超越微软，成为全球市值最高的科技公司。

6 月，苹果发布 iPhone 4。

12 月，乔布斯被《金融时报》评选为 2010 年度人物。

2011 年　1 月，苹果股票上涨至 240 美元，市值增至 2200 亿美元。微软股价跌至 27 美元，市值为 2400 亿美元。在现金储备方面，苹果的规模几乎与微软比肩，接近 400 亿美元。

2 月 17 日，乔布斯及硅谷巨头们与美国总统奥巴马共进晚餐。

3 月 2 日，苹果发布 iPad 2。

3 月 18 日，乔布斯和劳伦娜举行了结婚 20 周年庆典。

8 月 24 日晚，苹果公司宣布乔布斯辞去 CEO。

10 月 5 日，乔布斯与世长辞，享年 56 岁。

主要参考资料

1.《史蒂夫·乔布斯传》,[美]沃尔特·艾萨克森著,管延圻等译,中信出版社2011年11月出版。

2.《苹果传奇》(第2版),[美]欧文·林茨迈尔著,毛尧飞等译,清华大学出版社2006年2月出版。

3.《我是沃兹》,[美]史蒂夫·沃兹尼亚克、吉娜·史密斯著,贺丽琴译,北京师范大学出版社2007年6月出版。

4.《乔布斯传(1955–2011)》,[美]丹尼尔·伊克比亚著,周盛译,湖南人民出版社2012年1月出版。

5.《乔布斯传——神一样的传奇》,王咏刚、周虹著,上海财经大学出版社2011年8月出版。

6.《重返小王国——乔布斯如何改变世界》,[美]迈克尔·莫里茨著,梁卿译,中信出版社2010年12月出版。

7.《乔布斯和他的对手们》,姜洪军著,科学出版社2011年10月出版。

8.《活着就为改变世界——史蒂夫·乔布斯传》,[美]杰弗里·扬、威廉·西蒙著,蒋永军译,中信出版社2010年7月出版。

9.《电子英雄》,松鹰著,中国青年出版社2007年6月出版。

10.《乔布斯传》,柳润墨著,哈尔滨出版社 2011 年 3 月出版。

11.《苹果教父——乔布斯传》,施谱越编著,中国书店 2011 年 9 月出版。

12.《图说电脑史》,叶平、罗治馨编著,百花文艺出版社 2000 年 9 月出版。

13.《激动人心的电脑史话》,赵奂辉著,浙江文艺出版社 1999 年 1 月出版。

14.《IT 史记 1》,方兴东、王俊秀著,中信出版社 2004 年 1 月出版。

15.《IT 史记 2》,方兴东、王俊秀著,中信出版社 2004 年 1 月出版。

16.《IT 史记 3》,方兴东、王俊秀著,中信出版社 2004 年 3 月出版。

17.《IT 史记 4》,方兴东、王俊秀著,中信出版社 2004 年 3 月出版。

18.《硅谷传奇 101》,孟庆洁编著,少年儿童出版社 2003 年 1 月出版。

19.《追随内心——乔布斯,从每一次失利开始》,[美]阿兰·道伊奇曼著,孙成昊等译,中信出版社 2011 年 10 月出版。

20.《爱乔布斯改变世界的方法》,[美]杰伊·埃利奥特、威廉·西蒙著,刘世卿等译,中信出版社 2011 年 8 月出版。

21.《乔布斯箴言录》,艾文编著,甘肃人民出版社 2011 年

10月出版。

22.《追随你的心——用苹果撬动世界》,[美]史蒂夫·乔布斯著,胡晔译,北京联合出版社2012年1月出版。

23.《电脑英雄——改变世界的计算机天才》,康彼得编著,成都出版社1996年2月出版。

24.《禅者的初心》,[日]铃木俊隆著,梁永安译,海南出版社2010年6月出版。

25.《生死禅机》,庄秋水著,《看历史》2011年11月出版。

26.《乔布斯的禅宗之旅》,庄秋水著,《看历史》2011年11月出版。

27.《乔布斯的禅意设计》,王志仁著,《看历史》2011年11月出版。

28.《禅者乔布斯》,《外滩画报》2011年10月20日。

29.《〈时代〉杂志14张图片解读乔布斯:传奇人生》,《搜狐IT》2011年10月6日。

30.《郝芬顿邮报:乔布斯10大最具标志性产品》,新浪网2011年10月6日。

31.《乔布斯妹妹悼词披露乔布斯“最后岁月”:他为爱而生》,安徽广播网2011年11月1日。

32.《乔布斯的无用之用》,彭韧著,《全球商业经典》2011年10月28日。

33.《苹果最早的10位员工》,中国企业家网2011年6月3日。